Patrick Lindner
Kochen mit Herz und Gefühl

Patrick Lindner

Kochen mit Herz und Gefühl

Meine besten Rezepte
Ente und Lamm

Aufgezeichnet
von Lotte Reichel

Ullstein

© 1993 by Verlag Ullstein GmbH
Frankfurt/M. – Berlin
Konzeption: Uschi von Grudzinski
Umschlagentwurf: Theodor Bayer-Eynck
Foto auf Umschlag und Rückseite: Wolfram Jürgen Mehl
Alle Rechte vorbehalten
Satz: Theuberger Verlag GmbH
Lithographie: O.R.T., Berlin
Druck und Bindung: Druckhaus Erfurt
Printed in Germany 1993

ISBN 3-548-35386-X

Die Deutsche Bibliothek – CIP-Einheitsaufnahme

Lindner, Patrick:
Kochen mit Herz und Gefühl : meine besten Rezepte Ente und
Lamm / Patrick Lindner. Aufgezeichnet von Lotte Reichel. –
Frankfurt/M. ; Berlin : Ullstein, 1993
(Ullstein-Buch ; Nr. 35386 : Sachbuch)
ISBN 3-548-35386-X
NE: Reichel, Lotte [Bearb.]; GT

Inhalt

Ohne Zärtlichkeit geht gar nix

Mein Leben zwischen Fernsehstudios, Fans und Kochtopf

Die ersten Töne meines Liedes erklingen. Meine Hände sind eiskalt, im Bauch flattern tausend Schmetterlinge umher, und das Herz schlägt beinahe im Hals. In diesem Moment fühle ich eine große Einsamkeit. Kräftige Hände schieben den Vorhang ein wenig beiseite, und ich gehe hinaus auf die Bühne. Gleißende Scheinwerfer, Applaus, die ersten Blumen, das Mikrofon, mein Einsatz. Und schon ist es mucksmäuschenstill im Saal. Dreitausend Augenpaare blicken mich erwartungsvoll an, während ich die ersten Zeilen meines Liedes singe: „So ein Tag mit guten Freunden".

Geschafft! Die Hände nehmen wieder eine normale Temperatur an, die Schmetterlinge beruhigen sich, und das Herz schlägt dort, wo es hingehört. Ich spüre die Zuneigung, die Liebe, die mir entgegenschlägt. Und wieder erfüllt mich ein Glücksgefühl, das ich in dieser Intensität erst seit vier Jahren kenne, und das ich nie mehr missen möchte.

Es war der 1. Juli 1989, der mein Leben so völlig aus den Fugen gehoben hat und der aus dem Friedrich Raab (auf den Namen wurde ich getauft) endgültig den Patrick Lindner machte. Ich hatte gerade meine zweite Schallplatte besungen. Die erste war, um es ehrlich zu sagen, ein Flop gewesen. Daran hatte auch der Künstlername, den mir die Plattenfirma verpaßt hatte, nichts ändern können. Die zweite Single mit dem Titel „Die kloane Tür zum Paradies" aber kam in die Endausscheidung des internationalen „Grand Prix der Volksmusik". Aufgeregt fuhr ich zur Live-Sendung nach Wien. Meine Eltern, die besten Freunde und mein Manager waren mitgekommen. Sie machten mir Mut und redeten mir gut zu. Du schaffst das schon! Sei ganz natürlich! Denk nicht an die Millionen Zuschauer vor den Bildschirmen! – Die hatten gut reden! Als Carolin Reiber meinen Beitrag ansagte, hatte ich es das erste Mal, dieses Gefühl, das mich noch heute vor einem Auftritt überkommt: Ich habe gute Freunde, ein tolles Team, aber raus auf die Bühne muß ich ganz allein. Doch damals, genau wie heute, waren nach den ersten Tönen Lampenfieber und Einsamkeit wie weggefegt. Ich war einfach nur noch glücklich, dort im Rampenlicht stehen und singen zu dürfen.

Daß ich am Ende den zweiten Platz belegte, hätte ich kaum zu träumen gewagt. Aber was in den Monaten danach mit mir passierte, übertraf meine Vorstellungskraft.

Fernsehsendungen, Interviews, Autogrammstunden, Leute, die mich auf der Straße um eine Unterschrift baten und andere, die tuschelten, wenn ich in die U-Bahn stieg. Freizeit kannte ich schon bald nur noch aus der Erinnerung. Denn schließlich hatte ich ja neben der Singerei auch noch einen „ordentlichen" Beruf. Ich arbeitete als Koch im Casino einer Münchner Versicherung.

„Lern was Vernünftiges", hatte mein Vater immer gesagt. „Eine gute Ausbildung hat noch keinem geschadet." Also ging ich zur Hotelfachschule und lernte Kochen. Mit großer Begeisterung fabrizierte ich kalte Buffets, Suppen, Nachspeisen und entwickelte eigene Kreationen. Nur so zum Spaß setzte ich mich abends noch manchmal ans Klavier, spielte und sang dazu. Außerdem schloß ich mich einer Gruppe von Laienschauspielern an, der Würmtaler Volksbühne.

Eines Abends sprach mich dort nach der Vorstellung eine Dame an und fragte, ob ich auch singen könne. Es war Irma Holder, eine begnadete Texterin, die mir später die wunderbarsten Lieder schreiben sollte. Sie vermittelte den Kontakt zum Komponisten und Produzenten Jean Frankfurter. Unser Team, unser Erfolgsteam, war geboren.

„Die kloane Tür zum Paradies", unser erster gemeinsamer Hit, verkaufte sich wie warme Semmeln, und auch die gleichnamige LP fand reißenden Absatz. „Herzlichen Glückwunsch, Patrick", sagte der Chef meiner Plattenfirma eines Tages. „Du hast Gold!" – ??? – Wie? Was? Gold? – Die „Bran-

8

chensprache" war mir noch fremd. Und das, was ich verstand, konnte doch nicht wahr sein! Aber es stimmte: Aufgrund der tollen Verkaufszahlen meiner LP wurde ich in Österreich mit einer „Goldenen Schallplatte" geehrt. Eine zweite in der Schweiz folgte. Und in Deutschland stagnierte der Verkauf nur ganz knapp unter den für eine „Goldene" erforderlichen 250 000 verkauften Exemplaren. Dafür schaffte es die zweite LP „Die kleinen Dinge des Lebens". Gold in Österreich, Deutschland und der Schweiz. Die dritte, „Eine Handvoll Herzlichkeit", wurde in Österreich sogar mit Platin belohnt. Und auch die vierte, „Ohne Zärtlichkeit geht gar nix", ist auf dem besten Wege zum Edelmetall.

Natürlich hatte ich inzwischen meine Stellung als Koch gekündigt. Schweren Herzens, ehrlich gesagt. Doch die vielen Termine waren einfach nicht mehr mit der geregelten Arbeitszeit zu vereinbaren. Den Brief meines Chefs, in dem steht, daß ich jederzeit wieder bei ihm anfangen kann, bewahre ich aber noch heute sorgfältig auf.

In den Wochen und Monaten danach blieb dann kaum Zeit, darüber nachzudenken, ob meine Entscheidung richtig gewesen war. Ich ging mit Karl Moik und seinem „Musikantenstadl" auf Tournee. Jeden Abend auf einer anderen Bühne, vor einem anderen Publikum, in einem anderen Hotel. Tagsüber im Auto von einer Stadt in die andere fahren. Tonprobe, Maske, Garderobe, Auftritt. Danach noch mit den Kollegen quatschen, dann todmüde ins Bett. So eine Tournee ist eine Tortur und kostet wahnsinnig viel Kraft. Aber sie kann auch wunderbar sein und einem Künstler viel geben - wenn das Team stimmt, man sich mit den Kollegen versteht.

Ich bin Karl Moik noch heute dankbar. Dafür, daß er damals an mich geglaubt und mich engagiert hat. Ich habe in dieser Zeit - und auch in den Jahren danach während seiner Tourneen - viel gelernt. Ich habe Sicherheit auf der Bühne sowie im Umgang mit dem Publikum gewonnen - und Freunde. Karl und seine Frau Edith haben mich mit offenen Armen aufgenommen und mir das Gefühl gegeben, einer großen Familie anzugehören. Sie haben weder mit Lob noch mit Kritik gespart. Und sie waren da, wenn ich sie brauchte.

Wie wichtig es ist, gute, ehrliche Freunde zu haben, ist mir – glaube ich – erst in der Zeit meiner großen Erfolge richtig bewußt geworden. Es ist nicht leicht, „auf dem Teppich" zu bleiben, wenn man von vielen Seiten hofiert und umschmeichelt wird, wenn täglich mehr als 200 Fanbriefe kommen, in denen man liest, was für ein toller Typ man ist, und wenn man überall als was Besonderes behandelt wird. Dann tut es gut, wenn da Freunde und Familienmitglieder sind, die einen in die Realität zurückholen und von denen man weiß, daß sie es ehrlich meinen.

Ich bin oft gefragt worden, ob mich der Erfolg verändert hat. Was für eine Frage! Natürlich bleibt man nicht derselbe, wenn sich die Lebensumstände um einen herum so entscheidend verändern! Ich bin „erwachsener" geworden, handele überlegter. Aber im Herzen bin ich der geblieben, der ich war, bevor die „kloane Tür zum Paradies" aufging. Und ich habe nicht vergessen, wie es ist, wenig Geld zu haben und trotzdem zufrieden zu sein.

Ich komme aus einem bescheidenen Elternhaus. Mein Vater und meine Mutter führten ein kleines Transportunternehmen. Vater fuhr den Lastwagen, Mutter einen Kleinbus. Damit lieferten sie Tag für Tag Waren aus. Zwischen den Paketen und Päckchen im Laderaum saß ich, meinen Teddy im Arm. Obwohl ich noch klein war, so drei oder vier, erinnere ich mich genau an die Winterzeit. Wir hatten keine Standheizung im Wagen, und es war bitterkalt. Auf den kurzen Strecken, die wir fuhren, konnte der Laderaum einfach nicht warm werden. Deshalb hatte mir Mutter ihre Handschuhe über die Füße gezogen und von irgendwoher eine Wärmflasche geholt. Bei jedem Kunden wurde wieder heißes Wasser nachgefüllt, damit ich es mollig warm hatte. Mir gefiel's, aber für sie war es bestimmt eine harte Zeit.

10

Wenn wir heute darüber sprechen, spüre ich, wie traurig meine Mutter ist, weil sie mir damals nicht mehr bieten konnte. Aber ich habe das nie so empfunden. Ich bin mit Wärme und Geborgenheit aufgewachsen. Und dafür bin ich dankbar. Daß ich vielleicht weniger Spielsachen hatte als andere, ist mir nie aufgefallen. Allerdings kann ich mich noch heute daran erinnern, wie mir schon als Bub bewußt war, daß meine Mutter alles für mich tun würde.

Natürlich war auch sie es, die mir – obwohl Vater dagegen war – so manchen Schein für meine erste Studioproduktion zusteckte. Das werde ich ihr nie vergessen.

Später, als ich dann wirklich auf der Bühne stand, hat sie mir vor den Auftritten die Jacketärmel gekürzt, die Hemden gebügelt und die Hosen geändert. Sie steht noch heute in Konzertpausen hinterm Tresen, um meine CDs, Kassetten, Poster oder vielleicht gerade dieses Buch zu verkaufen, und sie setzt sich ohne viel Worte zu machen hinters Steuer, wenn sie glaubt, daß ich zu müde zum Autofahren bin.

Natürlich ist die Hedwig stolz wie Oskar, wenn sie miterlebt, wie ich nach einem Auftritt gefeiert werde und mit Bergen von Blumensträußen und Stofftieren in die Garderobe komme. Und manchmal schleicht sich auch ein Tränchen in ihre Augenwinkel, wenn sie vor dem Fernseher sitzt und ihr Sohn sich auf dem Bildschirm über den ersten Platz bei der „Volkstümlichen Hitparade“, die „Goldene Stimmgabel“ oder das „Edelweiß“ freut.

Total stolz aber war sie, als ich meine erste eigene TV-Show im ZDF hatte.

Alles begann damit, daß ich für das Bayerische Fernsehen eine musikalische Reihe unter dem Titel „Bayerische Schmankerl... präsentiert von Patrick Lindner“ moderieren durfte. Die Sendung bestand aus Gesangsbeiträgen volkstümlicher Künstler, die aus verschiedenen TV-Shows zusammengeschnitten und von mir mit ein paar netten Worten verbunden wurden. Das Ganze ging in drei Folgen mit mehr als 12 Prozent Einschaltquote über den Bild-

schirm. Ein Ergebnis, das für ein Regionalprogramm recht beachtlich ist und das auch andere Sender zum Anlaß nahmen, diese Beiträge anzukaufen.

Der Erfolg machte auch mir Mut, und ich sagte zu, für die Zeitschrift „Frau im Spiegel" und SAT.1 gemeinsam mit meiner Kollegin Ramona Leiß die zweistündige Abendshow „Edelweiß '91" zu moderieren.

„Du bist komplett wahnsinnig", beschimpfte ich mich allerdings selbst, als ich das Drehbuch mit meinen Texten zum erstenmal durchblätterte. Über zwei Stunden live vor Publikum und laufenden Kameras durch ein Programm zu führen ist kein Kinderspiel und mit einem Auftritt als Sänger überhaupt nicht zu vergleichen.

An diesem Abend in Berlin blieben meine Hände die ganze Zeit über kalt, und mein Herz pochte so laut, daß ich dachte, jeder müßte es hören. Immer wieder kroch die Angst in mir hoch, meinen Text vergessen zu haben. Aber es klappte. Über kleine Probleme half mir die zauberhafte Ramona hinweg, und Anita Kupsch, die seit diesem Tag zu meinen besten Freundinnen gehört, nahm mir mit ihrem humorvollen Auftreten die letzte Scheu.

Ich bestand die Bewährungsprobe mit Bravour, wurde mit großem Applaus und guten Kritiken bedacht und erhielt schon kurze Zeit später ein Angebot vom ZDF, in Carolin Reibers „Volkstümlicher Hitparade" regelmäßig einen Showblock mit verschiedenen Kinderchören zu übernehmen. Eine tolle Aufgabe, die ich gern annahm und die mir viel Spaß gemacht hat. Daß ich nach einem Jahr damit aufhörte, hatte zwei Gründe: Ich konnte die zeitaufwendigen Dreharbeiten nicht mehr mit meinen anderen Auftritten vereinbaren, und mir wurde etwas angeboten, wovon wohl jeder Sänger träumt: eine eigene Show.

„Patrick Lindner persönlich" hieß sie, wurde am 21. Mai 1992 ausgestrahlt und war für mich das Allergrößte. Drei Jahre vorher hatte ich noch hauptberuflich den Kochlöffel geschwungen, und jetzt durfte ich als Moderator durch

eine Sendung mit tollen Gästen führen, singen und Sketche spielen! Wahnsinn!

Doch so sehr ich mich auch darauf gefreut hatte, um so schwieriger waren die Dreharbeiten. Ich war zu dieser Zeit auf Tournee, stand abends bis 23 Uhr auf der Bühne und mußte anschließend noch so manche Stunde Autogramme geben. Morgens, spätestens um sechs, klingelte der Weckdienst. Aufstehen, das Flugzeug wartet! Eine Privatmaschine brachte mich nach München. Während des Fluges lernte ich meinen Text, anschließend ging es per Taxi ins Fernsehstudio. Besprechungen, Proben, Aufzeichnungen, und schon wartete wieder das Taxi, der Flieger, das Publikum in einer anderen Stadt.

In diesen Tagen waren meine Nerven zum Zerreißen gespannt. Ich war fix und fertig und nur von dem Gedanken besessen: Du mußt es schaffen! Du mußt allen, die an Dich glauben, beweisen, daß Du es kannst!

Ich hab's geschafft. Offenbar zur Zufriedenheit der ZDF-Gewaltigen, die mir nach diesem „Versuchsballon Personalityshow" sogar eine eigene Showreihe mit zwei Sendungen pro Jahr anvertrauten: „So ein Tag mit guten Freunden".

Ich habe alles erreicht, wovon ich irgendwann einmal geträumt habe – und noch ein bißchen mehr. Jetzt bin ich sogar Buchautor geworden. Das macht mich richtig stolz.

Ich hatte schon vor längerer Zeit einer Freundin von meinen Rezepten erzählt, die ich über viele Jahre gesammelt habe und von denen viele wirklich einmalig sind. Sie half mir dabei, sie zusammenzufassen, in eine druckreife Form zu bringen und den Ullstein-Verlag dafür zu interessieren. Das Ergebnis halten Sie, liebe Leserinnen und Leser, in den Händen: ein Kochbuch mit meinen schönsten Enten- und Lamm-Rezepten. Ich habe mich auf diese beiden Fleischsorten nicht nur spezialisiert, weil ich sie selbst besonders gern esse. Ich habe auch festgestellt, daß es vielen wie mir ergeht. Aber die wenigsten wissen, wie viele Variationsmöglichkeiten es in der Zubereitung gibt. Stöbern Sie mal ein bißchen darin herum, kochen Sie das eine oder andere Gericht nach! Ich bin sicher: Sie werden begeistert sein.

Patrick Lindner, der Sänger, der TV-Moderator, der Buchautor – kann man mehr erreichen? Ich denke, ja. Nämlich dann, wenn man seine Popularität und seine Möglichkeiten dafür einsetzt, denjenigen zu helfen, die auf der Schattenseite des Lebens stehen. Deshalb habe ich mich schon vor längerer Zeit dazu entschlossen, wenigstens finanziell etwas für jene zu tun, die im Leben nicht soviel Glück hatten wie ich. Für krebskranke Kinder, alte, einsame Menschen, Kriegsopfer im ehemaligen Jugoslawien. Auch meine Fanclubs unterstützen mich da mit großem Engagement.

Darauf bin ich sehr stolz, genauso wie auf die Tatsache, daß ich vielen Menschen allein durch meine Lieder Hilfestellung gebe. „Die kloane Tür zum Paradies", „Die kleinen Dinge des Lebens", „Manchmal braucht man was, an des ma glaub'n kann" – ich habe in unzähligen Briefen gelesen, daß diese Texte Mut und Hoffnung machen können. Und ich steh dazu, auch wenn manche es als Schnulze oder Kitsch abqualifizieren wollen.

Ich stehe auch zu meinem Sinn für Romantik, zu meinem Glauben an Gott und an das Gute im Menschen, auch wenn das Enttäuschungen einschließt. Und ich stehe zu meinen Freunden und Fans. Ich weiß, wieviel ich ihnen verdanke. Sie haben mich zu dem gemacht, was ich heute bin. Und manchmal, wenn ich auf der Bühne stehe, die Zuneigung spüre und rundum glücklich bin, habe ich das Bedürfnis, jeden einzelnen im Publikum zu umarmen und abzubusseln. Da das nicht möglich ist, muß ich es bei einem herzlichen Dankeschön bewenden lassen. Und das möchte ich auch an dieser Stelle wiederholen. Ich wünsche Ihnen ganz viel Freude mit meinem ersten Kochbuch und hoffe, daß sie demnächst, wenn Sie vor einem knusprigen Entenbraten à la Patrick sitzen, ganz lieb an mich denken!

14

Meine besten Enten-Rezepte

Tips zum Umgang mit Enten

Alter und Handelsklassen

Enten sind am besten von Oktober bis Januar. In dieser Zeit bekommt man Enten, die den ganzen Sommer Weidegang hatten. Je mehr sich ein Tier frei bewegen kann, desto zarter ist das Fleisch.
Enten eignen sich vorzüglich zum Schmoren oder Braten. Dabei ist es egal, ob sie frisch oder tiefgefroren sind.
Enten werden in 3 Handelsklassen auf den Markt gebracht:

Handelsklasse A:
Das sind Frühmastenten, die vor der ersten Federreife geschlachtet wurden. Sie sind ganz besonders zart und weich, haben eine sehr dünne Haut und absolut keine Federkiele. Sie sind 7–8 Wochen alt und ca. 1,8–3,2 kg schwer.

Handelsklasse B:
Das sind Jungenten, die nach der ersten Federreife geschlachtet werden. Sie sind dann etwa 10 Wochen alt. Das Fleisch ist zart und etwas fester. Ab und zu sind Federkiele in der Haut. Die Haut ist fester.

Handelsklasse C:
Dazu zählen Enten, die bereits über 1 Jahr alt sind. Man verwendet sie am besten zu Schmorgerichten. Freilaufenten sind auch mit einem Jahr noch sehr schmackhaft und delikat.

Wildenten

Es können ganz junge oder etwas ältere sein. Man erkennt das Alter an der leicht zusammendrückbaren Gurgel, der dünnen Haut, den hellgelben Füßen und der leicht zerreißbaren Schwimmhaut. Wildenten werden in der Regel im Federkleid angeboten. Man rupft sie, wenn nötig sengt man über einer Flamme die Haare ab. Man trennt den Kopf ab, durchschneidet die Haut zwischen Brust und Hals und zieht aus der Öffnung den Schlund und die Gurgel. Dann macht man einen Querschnitt unter dem After, entfernt aus der Öffnung die Eingeweide. Das Fett, welches vor den Eingeweiden liegt, und das Fett zwischen den Därmen löst man heraus und kann es später zum Braten verwenden. Von der Leber entfernt man die Galle. Der Magen wird da, wo der Darm abgeschnitten ist, gespalten, gut gereinigt, innen und außen wird die harte Haut entfernt. Man trennt die Flügelspitzen und die Füße ab. Man wässert die Ente 1/2 Std. und kann mit der Zubereitung beginnen.
Da Wildenten oft älter und sehr trocken sind, ist es wichtig, sie mit Speck zu umwickeln. Wer dies nicht mag, muß sie während des Bratens ständig mit Fett begießen.

16

Entbeinen

Zuerst die Flügelknochen am ersten Gelenk und den Hals abschneiden. Man kann beides für den Fond verwenden.

Die Ente auf die Brust legen. Mit einem scharfen, spitzen Messer die Haut rechts und links vom Rückgrat bis auf die Knochen einschneiden. Die Haut mit dem daruntersitzenden Fleisch bis zum linken Flügelknochen ablösen. Das Flügelgelenk durchtrennen.

Das gleiche bis zum Keulenknochen. Das Keulengelenk durchtrennen.

Nun mit der anderen Seite der Ente ebenso verfahren.

Das Schlüsselbein oben an der Brust auslösen.

Die Karkasse mit der linken Hand anheben. Das Fleisch durch Schaben vom Brustbein ablösen. Das muß sehr vorsichtig geschehen, damit die Haut heil bleibt. Möglichst sollten auch keine Knorpel am Brustfleisch zurückbleiben.

Das Fleisch von den Flügelknochen löst man, indem man den Knochen ziehend und schabend aus dem Fleisch herausarbeitet. Zuletzt wird der Fleischteil nach innen gezogen.

Die Keulenknochen löst man fast wie die Flügelknochen aus. Man schneidet lediglich zuerst die Haut rundum an der Gelenkkapsel ein und das Fleisch ein wenig am Knochen entlang.

Die Sehnen in den Flügelmuskeln und Keulen entfernt man durch Abschaben.

Der Bürzel muß abgeschnitten werden. Man löst die Fettdrüsen heraus und kann ihn zum Fond nehmen.

Die Stellen der Haut, unter denen kein Fleisch sitzt, füllt man mit flachen Fleischscheiben aus.

Dressieren

Zum Dressieren legt man die Ente auf den Rücken, biegt die beiden Flügelspitzen zuerst nach hinten und verrenkt sie dann so, daß sie fest unter dem Rücken stecken. Wenn die Spitzen abgeschnitten sind, die Flügel kreuzen und mit einem Bindfaden zusammenbinden.

Die Ente mit beiden Händen so formen, daß die Brust straff gewölbt ist.

Zum Verschließen werden die Keulen des Vogels mit Garn zusammengebunden, der Bürzel wird darunter geschoben. Wenn die Öffnung zu groß ist, mit einem Faden zunähen.

Große gefüllte Enten werden zugeschnürt. Zahnstocher längs neben die Öffnung durch die Haut stecken und kreuzweise Garn darüberführen.

Enthäuten ...

Die Ente wird auf den Rücken gelegt, die Flügelspitzen werden am ersten Gelenk halb abgeschnitten. Mit einem scharfen Messer trennt man beim Hals angefangen die Haut vorsichtig vom Fleisch.
So vorsichtig wie möglich dabei vorgehen, lieber das Fleisch etwas beschädigen.
Die Flügel jetzt mit der Haut vom Rumpf trennen. Sollte die Haut beschädigt sein, kann man sie zunähen.

... und Tranchieren

Die Ente wird auf den Rücken gelegt, die Flügel werden ganz abgeschnitten. Man halbiert die Ente längs des Brustbeins. Am besten geht das mit einer Geflügelschere. Dann entfernt man das Rückgrat auf beiden Seiten. Man entfernt die Beine, teilt Beine und Flügel in je 2 Teile. Die beiden Rumpfhälften werden quer in 2–3 cm breite Scheiben geschnitten. Nun arrangiert man alles auf einem Teller etwa in Form der Ente und serviert.

Füllen und Braten in Folie

Mit Bratfolien gelingen Enten besonders gut, weil sie im Schutz der Folie gleichmäßig bräunen, nicht austrocknen und alle Aromastoffe voll erhalten bleiben.
Eine Füllung macht jede Ente saftiger, man kann auch besonders raffiniert die Haut an einigen Stellen etwas lösen und Kräuter in die so entstandenen Taschen stecken.
Wer's mag, kann die Ente mit weicher Butter einpinseln. Gut schmeckt es auch, wenn die Ente in ein Bett aus grob geschnittenem Wurzelgemüse gelegt wird. Das würzt zusätzlich den Bratensaft.
Man schließt die Folie nach Vorschrift, es ist wichtig, daß man sie nicht zu stramm anzieht.
Man legt nun die Folie auf den kalten Bratenrost, sticht sie mit einer dicken Nadel einige Male ein, damit der Dampf entweichen kann und die Folie nicht platzt, und schiebt sie in den vorgeheizten Ofen. Am besten auf den 2. Rost von unten. So kann sie am besten aufgehen, ohne an die heiße Decke oder die Seitenwände zu stoßen.
Ist die Ente gar, gießt man den Bratensaft in einen kleinen Topf, läßt ihn etwas einkochen und bindet mit Crème fraîche.

18

Der richtige Umgang mit Tiefgefrorenem

Die Ente muß in der Regel vollständig aufgetaut sein, ehe man sie zubereitet. Der Plastikbeutel mit den Innereien im Rumpf der Ente läßt sich kaum aus einer noch angefrorenen Ente nehmen. Außerdem besteht beim Braten die Gefahr, daß außen die Haut schon knusprig und braun ist, das Innere aber noch roh.
Tiefgefrorenes sollte nach dem Auftauen möglichst umgehend gegart werden. Es verliert sonst unnötig viel Saft, da durch das Gefrieren die Zellstruktur aufgelockert ist. Die Flüssigkeit, die sich beim Auftauen bildet, nie mitverwenden.
Zum Auftauen legt man das Geflügel auf ein Gitter, damit es abtropfen kann. Die Verpackung wird vorher entfernt. Die Verpackung muß jedoch dran bleiben, wenn Sie ausnahmsweise das Auftauen beschleunigen wollen. Sie legen dann die eingepackte Ente in kaltes Wasser, das sie oft erneuern sollten. Man kann so ca. 4 Std. sparen.
Die schonendste Auftaumethode ist das Auftauen im Kühlschrank. Eine 2-kg-Ente braucht ca. 20–25 Std., bei Zimmertemperatur dauert das 10–15 Std.
Einzelne zerkleinerte Teile wie Brust oder Keulen können auch angetaut gekocht oder gebraten werden.

Entenfond

Das brauchen Sie für 1 l Fond:

1,5 kg Entenklein (auch Innereien)	**2 Stangen Porree**
100 g Sellerieknolle	**2 Zwiebeln**
2 Petersilienwurzeln	**2 Lorbeerblätter**

Und so wird's gemacht:

Die Knochen etwas zerhacken, das Gemüse putzen und grob würfeln. Die Knochen, das Gemüse und die Lorbeerblätter in die Saftpfanne legen, in den vorheizten Ofen schieben und bei 200° 1 Std. rösten. Zwischendurch mehrmals wenden. Sobald sich Röststoffe bilden, etwas Wasser zugießen. Dies so oft wiederholen, bis ein brauner Fond entstanden ist. Dann den gesamten Pfanneninhalt in einen großen Topf geben, 2 l Wasser zufügen und 2 Std. leise im offenen Topf kochen lassen. Zwischendurch abschäumen. Durch ein Sieb geben, das Fett abschöpfen und auf 1 l einkochen lassen. Abkühlen lassen.

Tip: Etwas mehr kochen und einfrieren.

Suppen

Entensuppe mit Hummerkrabben

Das brauchen Sie für 4 Portionen:

1 Ente (ca. 1,5 kg)
1 Bund Suppengrün
Salz
2 getrocknete Chilischoten
1 Messerspitze Muskatblüte
ca. 5 cm frische Ingwerwurzel
(evtl. 1 TL gemahlener Ingwer)
1 EL gehackte Petersilie
2 Stücke Zitronengras (oder die Schale
einer unbehandelten Zitrone)

ca. 250 – 300 g Hummerkrabben
2 kg Porree
75 g Glasnudeln
1 Knoblauchzehe
3 – 4 EL Zitronensaft
1 Prise Zucker
Sojasauce nach Geschmack

Und so wird's gemacht:

Die Ente gründlich waschen und zerteilen. Mit dem Suppengrün in ca. 3 l Wasser aufkochen lassen, abschäumen. Bei Bedarf jetzt noch etwas kaltes Wasser dazugießen. Salz, zerbröselte Chilischoten, Muskatblüte, die halbe Ingwerwurzel, Petersilie und Zitronengras mit in den Topf geben.
Alles bei geringer Hitze 2 – 2 1/2 Std. ziehen lassen. Das Brustfleisch nach ca. 1 1/2 Std. herausnehmen und warm stellen, den Rest der Ente wieder in die Brühe geben und weiterkochen.
In der Zwischenzeit die Krabben vorbereiten: Den Darm herausziehen, die Krabben ca. 3 Min. in kochendem Salzwasser ziehen lassen. Herausnehmen, abkühlen lassen, in Stücke schneiden.
Den Porree in 1 cm lange Stücke schneiden. Die fertige Brühe durch ein Sieb gießen, das restliche Fleisch auslösen und die Stücke schneiden, die Brust in Stücke schneiden. Wenn nötig, die Brühe entfetten. Nacheinander den Porree (etwa 5 Min.), die Glasnudeln (5 Min.), das zerschnittene Fleisch, die Hummerkrabben-Stücke, den restlichen feingeschnittenen Ingwer, die feingehackte Knoblauchzehe in die Brühe rühren. Mit Zitronensaft, 1 Prise Zucker und etwas Sojasauce abschmecken.
Ein paar Minuten durchziehen lassen und servieren.

Chinesische Entensuppe

Das brauchen Sie für 4 Portionen:

1 Ente (ca. 1,5 kg)	**200 g Möhren**
2 Zwiebeln	**200 g Chinakohl**
1 Möhre	**200 g Wasserkastanien**
2 Knoblauchzehen	**200 g Bambussprossen**
1 Lorbeerblatt	**200 g Sojakeime**
Pfeffer aus der Mühle	**3 EL Essig**
etwas Salz	**1 – 2 TL Sambal oelek**

Und so wird's gemacht:

Die Ente zerteilen, die Brustfilets auslösen. Die Ente (ohne die Brust) in ca. 3 l Wasser mit 2 Zwiebeln, 1 Möhre, 2 Knoblauchzehen, 1 Lorbeerblatt, Pfeffer und Salz nach Geschmack 1 Std. kochen lassen. Auskühlen lassen und entfetten, durch ein Sieb gießen. Möhren, Kohl, Wasserkastanien, Bambussprossen in Streifen schneiden, die Entenbrust in schmale Streifen schneiden und alles nacheinander im Entenfett anrösten. Mit den Sojakeimen in die Suppe geben, 15 Min. kochen lassen. Mit Essig und Sambal oelek abschmecken und servieren.

Entenconsommé

Das brauchen Sie für 6 Portionen:

1 kleine Ente (Wildente)	1 Knoblauchzehe
(ca. 750 g – 1 kg)	50 g Steinpilze (evtl. Champignons)
1 kleine Möhre	30 g Butter
1 Stück Sellerie	1/2 TL Thymian
1 Stange Porree	1 Schuß Cognac
1 Zwiebel	1/4 l Portwein
2 EL Öl	1 Bund Schnittlauch
1 TL schwarze Pfefferkörner	etwas Salz
2 Lorbeerblätter	Worcestershire-Sauce
5 Wacholderbeeren	

Und so wird's gemacht:

Die Ente gut waschen und häuten. Die Brust auslösen und kühl stellen. Keulen und Rumpf grob zerkleinern. Möhre, Sellerie und Porree putzen, ebenfalls grob zerkleinern. Zwiebel würfeln.

Das Öl heiß werden lassen. Die Knochen darin anrösten, das Gemüse zugeben, ebenfalls anrösten. Nach ca. 15 Min. Pfeffer, Lorbeerblatt, zerdrückte Wacholderbeeren, die heile Knoblauchzehe und die geviertelten Pilze dazugeben, weitere 15 Min. rösten.

Den Cognac in einer separaten Pfanne erwärmen, anzünden und brennend über das Gemüse gießen. Mit 1/8 l Portwein und ca. 2 1/2 l Wasser aufgießen. Knochen und Gemüse nun mindesten 3 Std. leise kochen lassen, ab und zu abschäumen. Nach 3 Std. den Fond durch ein sehr feines Sieb gießen.

Die Butter erhitzen und die zurückbehaltene Entenbrust darin anbraten, je nach Geschmack rosa bis durch. In Alufolie einwickeln und bis zum Aufschneiden warmstellen.

Die Bouillon aufkochen, mit Salz, Worcestershire-Sauce und dem restlichen Portwein abschmecken.

Die Entenbrust in Streifen schneiden, die kochende Brühe darübergießen, kurz ziehen lassen. Mit Schnittlauchröllchen bestreuen und servieren.

Enten-Linsen-Suppe mit Birnen

Das brauchen Sie für 4 Portionen:

1 Ente (ca. 2 kg)	4 reife Birnen
etwas Salz	1 unbehandelte Orange
250 g Zwiebeln	schwarzer Pfeffer aus der Mühle
500 g Linsen	1 – 2 EL Sherryessig

Und so wird's gemacht:

Die Ente enthäuten, auf die Saftpfanne des Backofens legen, salzen, mit den Zwiebeln füllen und auf der mittleren Einschubleiste im Ofen bei ca. 250° ca. 45 Min. rösten.

Die Linsen in 1 l Wasser quellen lassen. Die gebratene Ente herausnehmen, abkühlen lassen und in mundgerechte Stücke zerteilen. Den Bratensatz sorgfältig mit ca. 1 l Wasser loskochen, zu den Linsen gießen und langsam zum Kochen bringen. Ca. 1 1/2 Std. bei geringer Hitze garen.

Die Birnen schälen und in dünne Scheiben schneiden, die Orange dünn abschälen. Birnen, Orangenschalen und Entenstücke zu den Linsen geben und 15 Min. auf kleiner Flamme kochen lassen. Sobald die Linsen weich sind, die Suppe mit Salz, Pfeffer aus der Mühle und Sherryessig abschmecken. Servieren.

Rotkohlsuppe mit Entenklein

Das brauchen Sie für 4 Portionen:

1 kg Entenklein	2 EL Rotweinessig
30 g Gänseschmalz	3 Nelken
250 g Zwiebeln	1/4 l Rotwein
1 Bund Suppengrün	2 TL Majoran
2 Lorbeerblätter	etwas Salz
1 EL Pfefferkörner	Pfeffer aus der Mühle
2 EL gekörnte Hühnerbrühe	etwas Zucker
1 Rotkohl, ca. 1 kg	1 Becher saure Sahne
ca. 750 g Boskop-Äpfel	

Und so wird's gemacht:

Die Hälfte des Gänseschmalzes erhitzen, das Entenklein kräftig darin anbraten.

Die Hälfte Zwiebeln grob würfeln und mit dem Suppengrün zugeben, ebenfalls anbraten, Lorbeerblätter und Pfefferkörner dazu, mit 2 l Wasser ablöschen und im offenen Topf gut 1 Std. kochen lassen. Anschließend durch ein Sieb gießen, mit der gekörnten Hühnerbrühe würzen.

Das Entenfleisch ablösen, vom Fett befreien und zur Seite stellen.

Rotkohl in feine Streifen schneiden, Äpfel in Spalten schneiden, Zwiebeln in Streifen schneiden. Das restliche Schmalz erhitzen, Rotkohl, Zwiebeln, Äpfel darin andünsten. Die Brühe dazugeben. Mit Rotweinessig, Rotwein, Nelken und Majoran würzen und zugedeckt bei milder Hitze 1 Std. kochen lassen. Zum Schluß das gewürfelte Entenfleisch zugeben. Mit Salz, Pfeffer und Zucker abschmecken.

In eine Servierschüssel geben, die saure Sahne daraufsetzen.

Ausgebrütete Suppe

Das brauchen Sie für 4 Portionen:

1 Ente (ca. 1,2 kg)	75 g Butter
etwas Salz	1 EL Öl
Pfeffer aus der Mühle	1/2 Bund Petersilie
100 g Entenleber	5 cl Weißwein
3 EL Marsala	1 l heiße Fleischbrühe
30 g magerer Speck	6 Scheiben Weißbrot
1 Möhre	100 g frisch geraffelter Parmesankäse
1 Schalotte	

Und so wird's gemacht:

Die Ente waschen und trocken, innen und außen salzen und pfeffern. Leber putzen, mit dem Marsala beträufeln. Speck, die Möhre und die Schalotte würfeln.

1 EL Butter und das Öl im Topf erhitzen. Die Ente darin rundherum anbraten. Die Leber im selben Bratfett kurz anrösten, herausnehmen. Speck, Möhre, Schalotte und gehackte Petersilie in das Bratfett geben und andünsten. Wein dazugießen und verdampfen lassen. Die Brühe dazugießen.

Die Ente nun zugedeckt bei milder Hitze 45 Min. garen, aus dem Topf nehmen, abkühlen lassen, enthäuten, Fleisch von den Knochen lösen und in Scheiben schneiden. Die Leber würfeln. Das Brot würfeln, in etwas Butter anrösten. Eine ofenfeste Form mit der restlichen Butter ausstreichen. Brotwürfel, Parmesan, Fleisch und Leber abwechselnd einschichten. Die Brühe eingießen. Die Suppe im vorgeheizten Ofen bei 100° ca. 3 Std. garen.

Tip: Statt Parmesan kann auch Gouda oder Emmentaler verwendet werden.

Vorspeisen

Herbstsalat mit Entenleber

Das brauchen Sie für 4 Portionen:

300 g gemischte Salatblätter	Pfeffer aus der Mühle
100 g rohe Pilze (Creme-Champignons)	2 EL Öl zum Braten
8 Walnüsse	1 hartgekochtes Ei
200 g frische Entenleber	5 EL Nußöl
1 EL Mehl	1 EL Sherryessig (oder guter Rotwein-
etwas Salz	essig)

Und so wird's gemacht:

Die Salatblätter waschen, trocknen und schneiden oder zupfen. Die Pilze der Länge nach in Streifen schneiden, die Nüsse grob hacken.

Die Leber von Fett und Sehnen befreien, in kleine Stücke schneiden, mit Mehl bestäuben, mit Salz und Pfeffer würzen. Das Öl erhitzen und die Leber darin kräftig von allen Seiten bräunen.

Für die Salatsauce das Eigelb durch ein Sieb passieren, mit Salz und Pfeffer vermischen. Unter ständigem Rühren das Öl zufügen, zum Schluß den Essig.

Die Salatzutaten mit der Marinade gründlich vermischen. Die heiße Leber darauf anrichten und sofort servieren.

Dazu paßt Brot und Butter.

Geräucherte Entenbrust mit Mozzarella

Das brauchen Sie für 4 Portionen:

400 g geräucherte Entenbrust
400 g reife Tomaten
1 Bund glatte Petersilie
40 g Butter
250 g Mozzarella

etwas Salz
Pfeffer aus der Mühle
4 EL frisch geriebener Parmesankäse
(wahlweise anderer würziger Käse)

Und so wird's gemacht:

Die geräucherte Entenbrust in dünne Scheiben schneiden. Ebenso die
Tomaten (Stielansätze herausschneiden) und den Mozzarella. Die Petersilie fein hacken.
Eine ofenfeste Form mit Butter einfetten. Die Entenbrustscheiben auf
den Boden legen, darüber Tomatenscheiben, dann Mozzarella-Scheiben.
Mit Salz und Pfeffer würzen. Die Petersilie und den geriebenen Käse darüberstreuen. Zum Schluß die restliche Butter in Flöckchen draufsetzen.
Die Form in den vorgeheizten Ofen schieben und bei 200° ca. 20 Min.
garen. Der Käse muß zerlaufen. Sofort servieren.

Tip: Sollten Sie keine geräucherte Entenbrust zur Hand haben, nehmen
Sie eine rohe, braten sie sanft in Butter, bis sie innen leicht rosa ist. In
Scheiben schneiden und so verfahren wie oben angegeben.

Entenweißsauer aus Mecklenburg

Das brauchen Sie für 4 Portionen:

1 Ente (2,5 kg)
2 Bund Suppengrün
etwas Salz
2 Zweige Thymian
12 Blatt weiße Gelatine

1/4 l Estragonessig
etwas Speisewürze
1 Prise Zucker
Worcestershire-Sauce

Und so wird's gemacht:

Die Ente halbieren und in 3 l Wasser mit etwas Salz, 1 Bund Suppengrün und dem Thymian 2 Std. kochen. Erkalten lassen, entfetten und durch ein Sieb gießen.

Das andere Bund Suppengrün in der Brühe bißfest kochen, herausnehmen und kleinschneiden. Die Ente häuten, zerlegen, entfetten und in Würfel schneiden. Mit dem Suppengrün in eine Schüssel schichten. 12 Blatt weiße Gelatine in kaltem Wasser einweichen. 3/4 l Brühe und 1/4 l Estragonessig mit Speisewürze, Salz und Zucker abschmecken und die Gelatine darin auflösen. Über das Fleisch gießen und über Nacht im Kühlschrank fest werden lassen.

Tip: Sehr lecker schmeckt dieses Gericht, wenn Sie 1/4 l der Brühe durch Rotwein ersetzen, rote Gelatine und Rotweinessig (statt Estragonessig) nehmen.

Feine Entensülze

Das brauchen Sie für 4 Portionen:

1 Ente (ca. 2,5 kg)	gekörnte Brühe zum Würzen
1/2 l Rotwein	etwas Salz
4 Lorbeerblätter	1 EL Sherry
1 Zwiebel	2 EL Sherryessig
1 Bund Suppengrün	Orangenscheiben von 2 kl. Orangen
Schale einer unbehandelten Orange	6 Blatt weiße Gelatine
Saft einer Orange	evtl. Weißwein zum Auffüllen
4 EL Rotweinessig	Worcestershire-Sauce nach Geschmack

Und so wird's gemacht:

Die Ente grob zerteilen und in einem Sud aus 1 l Wasser, dem Rotwein, 1 Lorbeerblatt, Essig, dem zerkleinerten Suppengrün, der gehackten Zwiebel, Orangensaft und der Orangenschale eine gute Stunde bei milder Hitze garen. Mit gekörnter Brühe und Salz würzen.

Die Entenstücke herausnehmen, enthäuten, das Fleisch vom Knochen lösen und zerteilen. Das Gemüse herausnehmen. Den Sud kaltstellen, entfetten und so abgießen, daß alle Trubstoffe, die sich am Grund abgesetzt haben, zurückbleiben. Sollte es zuwenig Sud sein, mit Weißwein auf 1 l auffüllen. Mit Sherry, Sherryessig und gekörnter Brühe abschmekken. Die Gelatine einweichen, abtropfen lassen und im heißen Sud auflösen.

Die Entenstücke und die Orangenscheiben in einer Form anordnen und mit dem heißen Sud übergießen, mit den restlichen Lorbeerblättern garnieren.

Die Sülze über Nacht im Kühlschrank fest werden lassen. Sie hält sich 10 Tage.

Pommer'sche Geflügelsülze (weißsauer)

Das brauchen Sie für 4 Portionen:

1 kg Entenklein	**1 Zwiebel**
(Magen, Herz können mit verwendet	**2 Nelken**
werden)	**1 EL schwarze Pfefferkörner**
2 Entenkeulen	**1 Stück Zitronenschale**
6 Schweinepfötchen	**etwas Salz**
1 Kalbsfuß	**1/8 l Weinessig**
1 Bund Suppengrün	

Und so wird's gemacht:

Das Fett vom Entenklein entfernen, vom Magen die dicke Haut ablösen. Schweinepfötchen und Kalbsfuß gleich beim Einkauf zerhacken lassen und gründlich waschen. Mit ca. 2 l Wasser bedecken und aufkochen. Das Suppengrün, die Zwiebel, die Gewürze und etwas Salz hinzugeben und aufkochen lassen. Das Entenklein und die Keulen hinzufügen und alles ca. 2 Std. weich kochen.Gelegentlich abschäumen.
Das Entenklein und die Keulen herausnehmen, die Brühe durch ein Sieb geben und auf die Hälfte einkochen lassen. Während des Kochens den Essig hinzufügen.
Das Entenfleisch würfeln, alles Fett entfernen. Die Brühe erkalten lassen und entfetten. Das Entenfleisch in eine Schüssel geben, die Brühe darübergießen und über Nacht fest werden lassen.

Man kann das Fleisch von den Schweinepfötchen und dem Kalbsfuß ebenfalls mit etwas Brühe übergießen und hat eine zweite Sülze.

Hausgemachte Entenleberwurst

Das brauchen Sie für 6 - 8 Portionen:

600 g durchwachsener Schweinebauch
500 g Entenleber (man kann auch
verschiedene Geflügellebern mischen)
1 Lorbeerblatt
2 Nelken
2 Zwiebeln
etwas Salz

150 g Entenfett (Gänseschmalz wahl-
weise)
1 EL Mehl
Majoran
1 EL schwarzer Pfeffer
1 Gläschen Weinbrand

Und so wird's gemacht:

Den Schweinebauch mit dem Lorbeerblatt, 1 Zwiebel, 2 Nelken, etwas
Salz und 1/2 l Wasser zugedeckt ca. 1 1/2 Std. weich kochen.
Die zweite Zwiebel in kleine Würfel schneiden. Die Entenleber ebenfalls
würfeln, 1/4 davon beiseite stellen. Die Schwarte vom Schweinebauch
abschneiden, das Fleisch in Stücke schneiden. Schweinebauch und Leber
im Mixer fein pürieren.
1 EL Entenfett zurückbehalten, das restliche Fett in einer Pfanne zerlassen
und die Zwiebelwürfel darin glasig dünsten. Das Mehl darüberstäuben,
hellgelb rösten und mit 1/8 l Kochwasser vom Schweinebauch aufgießen.
Den Majoran hinzufügen und alles kurz durchkochen lassen.
In einer separaten Pfanne das zurückbehaltene Entenfett erhitzen und die
übriggebliebenen Leberwürfel kurz bei starker Hitze anbraten. Nun alles
miteinander vermischen und unter ständigem Rühren durchkochen – die
Fleischmasse soll weißlich werden mit einem leicht rosa Schimmer. Kräftig mit Salz, frischgemahlenem Pfeffer und Weinbrand abschmecken,
evtl. auch noch etwas Majoran hinzufügen. In einen Steinguttopf füllen
und erkalten lassen.

Ganz besonders fein schmeckt die Entenleberwurst, wenn man eine
kleine Trüffel püriert und darunterrührt.

Wenn die Entenleberwurst nicht gleich verbraucht wird, eine Schicht
Gänse- oder Entenschmalz darübergießen und fest werden lassen. Im
Kühlschrank aufbewahren.

31

Pasteten und Terrinen

Rustikale Geflügelleberterrine

Das brauchen Sie für eine Terrine mit 1,5 l Inhalt:

750 g Geflügelleber (je zur Hälfte von Ente und Hähnchen)	1 Eiweiß
	4 EL Schlagsahne
1/2 TL Thymian	1/2 TL Muskatblüte
1 TL abgeriebene Orangenschale	1 Messerspitze Piment
4 cl Armagnac	1 TL Paprika edelsüß
4 cl Portwein	2 TL Salz
150 g Griebenschmalz	1 TL Pfeffer
150 g fetter Speck (ungeräuchert)	250 g durchwachsener Speck – in
das Fleisch von 2 Entenkeulen	dünne Scheiben geschnitten

Und so wird's gemacht:

Die Entenleber waschen und trocknen. In eine Schüssel geben und mit der abgeriebenen Orangenschale, Armagnac, Portwein und dem Thymian mischen und beiseitestellen.

Die Hühnerleber säubern, trocknen und würfeln, Speck und das Fleisch von den 2 Entenkeulen ebenfalls würfeln. Alles zweimal durch die feine Scheibe des Wolfs drehen, gut mit dem Griebenschmalz vermischen, am besten mit dem Knethaken des Handmixers. Nach und nach Sahne, Eiweiß, die Gewürze und die Beizflüssigkeit von der Entenleber zufügen. Die Masse so lange verrühren, bis sie schaumig ist.

Eine Terrine mit Deckel von 1,5 l Inhalt mit den Speckscheiben auslegen. Die halbe Speckscheibe muß jeweils über den Rand hinaushängen.

Nun 1/3 der Farce hineinfüllen, die Hälfte der Entenleber hineinstecken, ein weiteres Drittel Farce darüberstreichen, die restliche Entenleber hineinstecken, den Rest Farce darüberstreichen. Die Terrine einige Male aufstoßen, damit evtl. vorhandene Luftbläschen entweichen können. Nun die überhängenden Speckscheiben über die Farce legen. Den Deckel schließen.

Die Saftpfanne des Backofens mit Wasser füllen, die Terrine hineinstellen und im vorgeheizten Backofen bei 180° 75 Min. garen. 20 Min. im heißen Ofen fest werden lassen, dann die Form auf einen Rost stellen und über Nacht erkalten lassen. Die Form stürzen und die Terrine in Scheiben geschnitten servieren.

Badische Geflügelleberpastete

Das brauchen Sie für 4 Portionen:

1 kg Entenklein	**4 kleine Eier**
2 Entenkeulen	**etwas Salz**
600 g Entenleber (kann mit jeder	**Pfeffer aus der Mühle**
Geflügelleber gemischt werden)	**1 EL Butter zum Anbraten**
4 EL Crème fraîche	**Butter für die Form**

Und so wird's gemacht:

Das Entenklein und die Entenkeulen auslösen, entfetten und entsehnen und in Würfel schneiden. Die Leber von Fett und Sehnen befreien.
Das Fleisch, 1/3 der Leber und die Crème fraîche in den Mixer geben und zu einer Farce vermischen. Nacheinander die Eier hinzufügen. Jedes Ei muß erst richtig mit der Farce vermischt sein, bevor das nächste hinzukommt. Mit Salz und Pfeffer aus der Mühle würzen. Wenn der Mixer zu klein ist, in Portionen mixen und anschließend gründlich vermischen.
Die restliche Leber grob zerschneiden. Die Butter erhitzen, die Leberstückchen hineingeben, salzen, pfeffern und etwa 1 Min. kräftig unter Wenden anbraten. Die Leber kann ruhig noch blutig sein.
Boden und Rand einer Terrine mit Butter ausstreichen. 1/3 der Farce hineinfüllen. Mit der Hälfte der Leber bedecken, das zweite Drittel der Farce darüberstreichen. Die restliche Leber drauflegen und mit der restlichen Farce bedecken.
Die Form mit Alufolie abdecken. Die Folie mit einer Gabel ein paarmal einstechen.
Die Terrine in die Bratenschale des Backofens setzen. Diese zwei Fingerbreit mit Wasser füllen. Die Terrine in diesem Wasserbad bei ca. 180° etwa 40 – 45 Min. garen lassen.
Die Leberpastete über Nacht im Kühlschrank erkalten lassen.

Sehr feine Entenpastete

Das brauchen Sie für 8 Portionen:

250 g mageres Entenfleisch (am besten Brust)
1 Entenleber
2 EL Cognac

Teig:
300 g Mehl
180 g Butter
2 Eier
1 EL Milch
1 Prise Salz

Füllung:
200 g Schweinegulasch
125 g Rinderleber
60 g Kalbsbrät
125 g Pistazienkerne
1 EL Pfeffer (rosa oder grün)
1 Zweig Thymian
Salz
Pfeffer aus der Mühle
1 Ei
1 EL Butter
1 EL Öl
1/8 l Madeiragelee

Und so wird's gemacht:

Das Entenfleisch und die Entenleber in ein kleines Gefäß geben und mit dem Cognac übergießen. 2 Std. marinieren.
Aus Mehl, Butter, Eiern, Milch und Salz rasch einen festen Teig kneten. Auf einer bemehlten Unterlage ausrollen, zusammenfalten, nochmals ausrollen und zu einem Paket zusammenfalten. Dieses mit Alufolie umwickeln und 2 Std. kalt stellen.
Das Schweinegulasch, die Rinderleber zweimal durch die feine Scheibe des Fleischwolfs drehen, mit dem Kalbsbrät vermischen. Die Pistazien mit der Mandelmühle fein mahlen, dazugeben. Zerdrückten Pfeffer, Thymian-Blättchen, Salz und Pfeffer nach Geschmack darüberstreuen und alles mit dem Knethaken des Handmixers so lange quirlen, bis eine schaumige Masse entsteht.
Entenfleisch und Entenleber gut abtropfen lassen, den Cognac mit unter die Farce ziehen.
1 EL Butter erhitzen und das Fleisch und die Leber darin 5 Min. unter Wenden anbraten.
Den Teig ausrollen und für eine Pastetenform zuschneiden. Die Form auslegen mit einem etwa 1 cm überstehenden Rand. Der Teig muß noch reichen für einen Teigdeckel. Nun in die ausgelegte Form die Hälfte der Farce hineingeben. Das Entenfleisch und die Entenleber hineinstecken. Die restliche Farce darüberstreichen. Den Teig am Rand lösen und nach

innen klappen. Den Teigdeckel darüberlegen. In der Mitte längs über die gesamte Pastete einschneiden.

Madeiragelee wird hergestellt aus 200 ml doppelter Kraftbrühe, 1 Schuß Sherry, 5 EL Madeira und 3 Blatt weißer Gelatine. Nach Vorschrift zubereiten und beiseite stellen.

Die Pastete mit Eigelb bestreichen und im vorgeheizten Ofen bei 200° 45 Min. backen. 5 Min. im ausgeschalteten Ofen stehen lassen.

Herausnehmen und Saft und Fett durch vorsichtiges schräges Halten durch den Schlitz abgießen. Etwas abkühlen lassen und das Madeiragelee durch den Schlitz hineingießen. Erstarren lassen und in Scheiben schneiden.

Tip: Sie können die Pastete verzieren, wenn Sie etwas Teig zurücklassen, Muster ausstechen und diese mit Eiweiß vor dem Backen auf die Pastete kleben.

Gerichte von ganzen Enten

Geschmorte Wildente mit Champignons

Das brauchen Sie für 4 Portionen:

1 Wildente	**1/4 l Weißwein**
etwas Salz	**250 g Champignons**
Pfeffer aus der Mühle	**1 l Brühe**
2 Zweige Salbei	**1 Lorbeerblatt**
2 EL Butter	**6 Wacholderbeeren**
1 Zwiebel	**1/4 l saure Sahne**
1 EL Mehl	

Und so wird's gemacht:

Die Wildente waschen, trocknen, innen und außen salzen und pfeffern.
Die Salbei-Zweige in die Ente stecken.
Die Butter erhitzen, die Ente darin rundum anbraten und wieder herausnehmen.
Die Zwiebel grob würfeln und zusammen mit dem Mehl in die Butter geben und braun rösten. Mit Weißwein und heißer Fleischbrühe ablöschen und aufkochen. Das Lorbeerblatt und die zerdrückten Wacholderbeeren beifügen.
Die Ente in dieser Sauce 1 1/2 Std. langsam schmoren lassen. Sie sollte mindestens zur Hälfte mit der Sauce bedeckt sein.
Die Ente herausnehmen, die Sauce durch ein Sieb geben, die Schlagsahne dazu, die Champignons hineingeben und ca. 5 Min. durchkochen. Die Ente vierteln und die Sauce mit den Pilzen darübergießen. Servieren.

Mastente mit Grillfrüchten

Das brauchen Sie für 4 Portionen:

1 Frühmastente	**1 Banane halbiert**
etwas Salz	**2 Birnen geschält, geviertelt**
Pfeffer aus der Mühle	**1 EL Öl**
2 Zweige Thymian	**1/2 EL Zucker**
1 EL Öl	**1/2 Zitrone**
1 Zwiebel	**2 EL Mehl**
1 Orange, geschält und in Scheiben	**1/4 l Brühe**
geschnitten	

Und so wird's gemacht:

Die Ente waschen, trocknen und innen und außen mit Salz und Pfeffer einreiben. Die Thymian-Zweige in die Ente stecken. Das Öl erhitzen, die Ente kräftig darin anbraten, die Zwiebel grob würfeln, zugeben und im Backofen bei 190° ca. 1 1/2 Std. garen.
Die Früchte mit Öl beträufeln und mit Zucker bestreuen. In einer heißen Grillpfanne grillen und mit etwas Zitronensaft beträufeln.
Die Ente aus dem Bratensaft nehmen. 2 EL Mehl hineingeben, kräftig anschwitzen und mit der Brühe ablöschen.
Die Ente zerteilen, mit den Grillfrüchten anrichten, die Sauce extra reichen.

Junge Ente mit Salbei- und Zwiebelfüllung

Das brauchen Sie für 4 Portionen:

1 Mastente (ca. 2 kg) mit Leber	**1 EL Butter**
etwas Salz	**4 Scheiben Weißbrot**
Pfeffer aus der Mühle	**Salz, Pfeffer**
3 Zwiebeln	**1 Ei**
1 Zweig frischen Salbei	**1 EL Öl**

Und so wird's gemacht:

Die Ente waschen, trocknen und innen und außen salzen und pfeffern.
Die Zwiebeln würfeln, Salbeiblätter fein schneiden. Beides zusammen in
Fett leicht andünsten.
Die Entenleber würfeln, dazugeben und leicht anbraten. Die Rinde vom
Weißbrot abschneiden. Das Brot ebenfalls würfeln und mit den Zwiebeln, der Leber etwas Salz und Pfeffer und dem Ei vermengen. Alles in
die Ente füllen. Die Ente zunähen oder mit Holzspießchen zustecken.
Öl in einer Pfanne erhitzen, die Ente anbraten und ca. 1 1/2 Std. bei 190°
im Backofen garen. Zwischendurch mit dem Bratenfett mehrmals übergießen. Die Ente herausnehmen, den Bratensatz mit Wasser ablöschen und
aufkochen.

Dazu passen Röstkartoffeln und Erbsen mit Pfefferminzblättern.

Wildente mit Tomatenschaum

Das brauchen Sie für 4 Personen

1 Wildente	**100 g fein gewürfelter Sellerie (aus dem**
70 g Öl	**Glas oder gedünstet)**
Salz	**4 Tomaten**
Pfeffer aus der Mühle	**1/8 l Weißwein**
1/4 l Schlagsahne	**6 Blatt weiße Gelatine**
4 EL Tomatenketchup	**Walnußhälften**
100 g feingehackte Walnüsse	**Mandarinen (können aus der Dose sein)**

Und so wird's gemacht:

Die Wildente waschen und trocknen, von innen und außen salzen und pfeffern. Öl erhitzen und die Ente kräftig darin anbraten und im Backofen bei 220° ca. 1 Std. garen. Dabei mehrmals wenden und mit dem Bratensaft begießen.

Die Schlagsahne sehr steif schlagen. Tomatenketchup, Salz und Pfeffer, die zerkleinerten Walnüsse, den gewürfelten Sellerie unterheben. Die Tomaten abziehen, entkernen und ebenfalls würfeln und vorsichtig untermischen. Zum Schluß die Gelatine im Weißwein auflösen und mit der Sahnemasse gut vermischen.

In Weingläser füllen und erstarren lassen. Die Ente zerteilen, mit Mandarinen und Nußhälften garnieren. Den Tomatenschaum stürzen, mit einem Mandarinenschnitz garnieren, neben die Ente setzen und servieren.

Ente mit Teltower Rübchen

Das brauchen Sie für 4 Portionen:

1 junge Ente (ca. 1,5 kg)	**1 EL Zucker**
Salz	**1 EL Mehl**
Pfeffer aus der Mühle	**1/8 l Weißwein**
30 g Butter	**1/8 l Wasser**
750 g Teltower Rübchen	**12 Pfefferkörner**
12 kleine weiße Zwiebeln	**1 Bund glatte Petersilie**

Und so wird's gemacht:

Die Ente waschen und trocknen und von innen und außen mit Salz und Pfeffer einreiben. 1 EL Butter zerlassen und die Ente darin von allen Seiten kräftig anbraten und im gut verschlossenen Topf in den vorgeheizten Backofen schieben. Bei starker Hitze 60 – 90 Min. braten lassen, die letzten 10 Min. den Deckel vom Topf nehmen.

Die Rübchen putzen, die größeren halbieren. Die Zwiebeln nur abziehen. 1 EL Butter und 2 EL abgeschöpftes Entenfett erhitzen, die Rübchen und die Zwiebeln darin unter Schütteln des Topfes anbräunen. Den Zucker darüberstreuen. Sobald er karamelisiert, das Mehl darübergeben und mit Wein und Wasser ablöschen. Mit Salz und Pfeffer abschmecken, die ganzen Pfefferkörner zugeben. 40 Min. leise köcheln lassen.

Die Ente aus dem Topf nehmen, den Bratensaft entfetten, die Rübchen in den Saft geben. Die Ente zerteilen, auf das Gemüse legen und noch 10 Min. schmoren lassen.

Mit gehackter Petersilie überstreuen und servieren.

Ente mit Lüb'scher Füllung

Das brauchen sie für 4 Portionen:

1 junge Mastente mit Leber	1 EL Entenfett
Salz	250 g Weißbrotwürfel
Pfeffer aus der Mühle	je 1 Messerspitze Salbei, Kardamom,
100 g Rosinen	Zimt
1 Gläschen Rum	1/4 l Weißwein
3 Boskop-Äpfel (oder andere saure)	1 EL Butter

Und so wird's gemacht:

Die Ente waschen und trocknen und innen und außen mit Salz und Pfeffer einreiben. Die Rosinen in Rum einweichen.

Die Äpfel würfeln. Das Entenfett erhitzen und die Apfelwürfel darin anrösten, die Brotwürfel zugeben. Mit Salz, Salbei, Kardamom und Zimt würzen. Die Rosinen untermischen und so viel Weißwein zugeben, daß eine geschmeidige Masse entsteht. Die Fruchtfüllung in die Ente geben, 1 EL für die Sauce zurückbehalten, und die Ente zunähen oder mit Holzspießchen zustecken.

Die Butter in einem Schmortopf erhitzen und die Ente darin rundherum kräftig anbraten. Den Topf verschließen und im vorgeheizten Backofen bei 200° 30 Min. braten. Nochmals 45 Min. im offenen Topf weiterbraten. Zwischendurch mit Bratensaft begießen.

Die Ente herausnehmen und warmstellen. Das Fett vom Bratensaft abschöpfen. Die Entenleber in kleine Würfel schneiden und in dem verbliebenen Bratensaft andünsten. Die zurückbehaltene Füllung dazugeben, mit dem restlichen Weißwein ablöschen und etwas einkochen lassen. Die Füllung vorsichtig aus der Ente nehmen und in Scheiben schneiden. Die Ente zerlegen und mit der Füllung auf einer Platte anrichten. Die Sauce getrennt dazu reichen.

Gefüllte Ente mit Backpflaumen und Äpfeln

Das brauchen Sie für 4 Portionen:

1 junge Mastente (ca. 2 kg)	**300 g säuerliche Äpfel**
Salz, Thymian	**80 g geriebenes Schwarzbrot**
1/4 l Weißwein	**1 TL Zucker**
100 g entsteinte Backpflaumen	**1 Prise Zimt**
2 EL Weißwein	**30 g Rosinen**

Und so wird's gemacht:

Die Ente waschen, trocknen und innen und außen mit Salz und Thymian einreiben. Die Pflaumen in kleine Stücke schneiden und in 3 EL Weißwein einweichen. Die Äpfel schälen, das Kerngehäuse entfernen und ebenfalls in Stücke schneiden. Das geriebene Schwarzbrot mit Zucker und Zimt vermischen. Pflaumen, Äpfel, Schwarzbrot und Rosinen nun miteinander vermischen und in die Ente geben. 2 EL Füllung für die Sauce zurückbehalten. Die Ente zunähen oder mit Spießchen zustecken.
Die Ente nun mit der Brustseite auf den Grillrost einer Bratenpfanne legen. Eine Tasse kochendes Wasser hinzugießen, in den vorgeheizten Backofen schieben und bei 200° braten. Nach 45 Min. wenden und weitere 45 Min garbraten. Zwischendurch mit Bratensaft begießen.
Die Ente herausnehmen, die Füllung mit 2 Löffeln vorsichtig aus der Ente nehmen und in Scheiben schneiden. Die Ente tranchieren und beides warmstellen.
Den Bratensaft entfetten. Die zurückbehaltene Füllung hineingeben und kurz anrösten. Mit Weißwein ablöschen und kurz durchkochen lassen. Getrennt zur Ente servieren.

Pegnitzer Ente ohne Haut

Das brauchen Sie für 4 Portionen:

1 junge Fleischente (ca. 2 kg)
etwas Salz
Pfeffer aus der Mühle
1 Bund Suppengrün
einige Pfefferkörner
1 Stich Butter

20 g Butter
1 EL feingehackte Schalotten
2 EL feingehackte Kräuter (Petersilie,
Schnittlauch, Kerbel)
2 EL Crème fraîche

Und so wird's gemacht:

Die Ente waschen und trocknen. Vorsichtig die Haut abziehen und innen und außen salzen und pfeffern. Das Suppengrün kleinschneiden, mit den Pfefferkörnern und der Butter vermischen. In das Innere der Ente füllen. Die Ente zunähen oder mit Spießchen zustecken. Die Ente in ein nicht zu knappes Stück Bratfolie stecken, an beiden Enden fest verschließen und mit einer dünnen Nadel rundherum einige Male einstechen. Die Ente in die Fettpfanne des Backofens legen und bei mittlerer Hitze etwa 60 Min. garbraten.
Für die Sauce die Butter erhitzen, die Schalotten darin andünsten. Die Hälfte der Kräuter dazugeben und durchrühren. Die Crème fraîche hinzufügen und einmal aufkochen lassen.
Die Ente aus dem Ofen nehmen, die Folie öffnen, den austretenden Bratensaft mit dem Rest der Kräuter zu der Sauce geben und nochmals kurz aufkochen.
Die Ente zerlegen und servieren. Die Sauce getrennt dazu reichen.

Koriander-Ente

Das brauchen Sie für 4 Portionen:

1 junge Fleischente (ca. 2 kg)	**etwas Salz**
50 g Pflanzenfett	**2 TL Zucker**
2 EL Korianderkörner	**2 Bund Frühlingszwiebeln**
3 EL Sojasauce	**1 Stück Ingwerwurzel (ca. 4 cm)**

Und so wird's gemacht:

Die Ente waschen und trocknen. In 20 - 30 Stücke zerlegen und nacheinander in dem sehr heißen Pflanzenfett goldbraun anbraten. Abtropfen lassen.

Sojasauce, Salz, Zucker und die zerstoßenen Korianderkörner mit 1/2 l Wasser verrühren und in einem Brattopf heiß werden lassen. Die Entenstücke hineinlegen und zum Kochen bringen. Zugedeckt bei milder Hitze 75 Min. garen. Dabei vorsichtig umrühren. Das Entenfleisch herausnehmen und warm stellen.

Den Ingwer schälen und feinhacken, die Frühlingszwiebeln schräg in 1,5 cm lange Stücke schneiden. Beides in die Sauce geben und 2 Min. bei großer Hitze kochen. Über die Entenstücke gießen und servieren.

Ente à l'Orange

Das brauchen Sie für 4 Portionen:

1 junge Mastente (ca. 2 kg)	**... für die Sauce:**
Salz	**1 TL gekörnte Fleischbrühe**
Pfeffer aus der Mühle	**4 unbehandelte Orangen**
50 g Butter	**1 Zitrone**
1 Zwiebel	**100 g Zucker, etwas Salz**
1 Möhre	**5 cl Weinessig**
1 TL Tomatenmark	**5 cl Grand Marnier**
1/2 l Fleischbrühe	**5 cl Kümmelschnaps**
	1 EL Speisestärke
	1 EL Johannisbeergelee

Und so wird's gemacht:

Die Ente waschen, trocknen und innen und außen salzen und pfeffern. In einem schmalen hohen Topf die Butter erhitzen und aufschäumen lassen. Die Ente auf der Seite hineinlegen und 15 Min. braten. Die Zwiebel und die Möhre grob würfeln, die Ente wenden und beides dazugeben. 10 Min. weiterbraten. Dann die Ente auf den Rücken legen, das Tomatenmark hinzufügen, die Fleischbrühe darübergießen und die Ente zugedeckt 30 Min. garen. Herausnehmen und warmhalten.
Für die Sauce die Fleischbrühe in den Bratensaft rühren und aufkochen. Die Sauce nun durch ein Sieb gießen. Die Orangen und die Zitrone auspressen (eine Orange zurückbehalten). Den Zucker in eine Pfanne streuen, bei mittlerer Hitze unter Rühren schmelzen und dabei hellgelb werden lassen. Dann sofort Weinessig, die Orangenschalen, -saft und den Zitronensaft dazurühren und 5 Min. kochen. Grand Marnier und Kümmel hinzufügen. Die Speisestärke mit etwas Wasser verquirlen, zur Sauce rühren und einmal aufkochen. Mit Johannisbeergelee und Salz abschmecken. Die zurückbehaltene Orange dick schälen und in Scheiben schneiden. Die Ente anrichten, mit den Orangenscheiben garnieren und mit der Sauce übergießen. Sofort servieren.

Dazu paßt Kartoffelpüree.

Platte Ente aus der Toscana

Das brauchen Sie für 4 Portionen:

1 junge Mastente (ca. 3 kg)	**Saft von 1 Zitrone**
etwas Salz	**1/4 l Weißwein**
Cayennepfeffer	**30 g Butter**
2 Zweige Rosmarin	**Alufolie**
6 EL Olivenöl	**2 Ziegelsteine**

Und so wird's gemacht:

Die Ente waschen und trocknen. An Rückgrat und Brust längs zerteilen, so daß zwei Hälften entstehen. Beide innen und außen mit Salz und Pfeffer einreiben. Die Haut etwas einritzen und in die Ritze die Rosmarinnadeln stecken. Den Ofen auf 200° vorheizen, einen großen Bräter mit Öl auspinseln. Die Steine mit Alufolie beziehen. Die Enten mit der Schnittseite nach unten in den Bräter setzen. Jede Hälfte mit einem Stein beschweren. In den Ofen schieben.

Das restliche Öl mit dem Zitronensaft verquirlen. Nach etwa 45 Min. Garzeit die Steine anheben, die Ente mit der Öl-Mischung bestreichen und weitere 45 Min. garen.

Die Ente aus dem Bräter nehmen. Das Fett abschöpfen. Die Bratensatz mit dem Wein loskochen. Etwa 5 Min. kochen lassen, die kalte Butter flöckchenweise dazugeben. Die Sauce über die Ente geben und servieren.

Ente mit pikanter Sauce
(mit Sardellen und Kapern)

Das brauchen Sie für 4 Portionen:

1 junge Mastente (ca. 2 kg)	3/8 l Weißwein
Salz	5 cl Rotweinessig
Pfeffer aus der Mühle	2 EL Kapern
250 g durchwachsener Speck	1 Knoblauchzehe
1 unbehandelte Zitrone	1 Zwiebel
2 Zweige Rosmarin	3 Sardellenfilets
1 Zweig Salbei	1 Bund glatte Petersilie
20 g Butter	

Und so wird's gemacht:

Die Ente waschen und trocknen, innen und außen mit Salz und Pfeffer
einreiben. Die Zitrone halbieren, eine Hälfte in die Ente stecken, die an-
dere in Scheiben schneiden.
Den Speck fein würfeln. Rosmarin-Nadeln und Salbei-Blätter feinhacken.
Einen Bräter mit Butter ausfetten und 50 g Speckwürfel darin anbraten.
Die Zitronenscheiben, Rosmarin und Salbeiblätter zugeben, verrühren
und die Ente mit der Brust nach oben hineinsetzen. Den Topf verschließen und die Ente im vorgeheizten Ofen bei 200° etwa 45 Min. braten.
Dann 1/8 l Wein zugeben und im offenen Topf 45 Min. weiterbraten.
Dabei zwischendurch mit Bratensaft begießen und nochmals 1/8 l Wein
zugeben.
Die Kapern abspülen, die Sardellenfilets in Stücke schneiden, den Knob-
lauch fein hacken. Den restlichen Speck kräftig anbraten, Kapern, Sar-
dellen-Stücke und Knoblauch zugeben, mit Rotweinessig ablöschen.
Die Ente aus dem Ofen nehmen und warm stellen. Das Fett abschöpfen,
mit 1/8 l Wein ablöschen. Wenn sich alles gelöst hat, den Fond zur
Speckmischung geben und etwas einkochen lassen. Die feingehackte
Petersilie unterziehen, über die Ente gießen und gut einziehen lassen
(mindestens 1/2 Std.). Dann servieren.

Ente aus der Tüte

Das brauchen Sie für 4 Portionen:

1 große Wildente
100 g Entenleber
etwas Salz
Pfeffer aus der Mühle
2 Knoblauchzehen
1 Zweig Rosmarin
3 Salbeiblätter
5 Wacholderbeeren

5 EL Olivenöl
1 cl Grappa
50 g durchwachsener Speck (4 dünne Scheiben)
1 großer Bogen Pergamentpapier (evtl. Backtrennpapier)
1 großer Bogen Packpapier

Und so wird's gemacht:

Die Ente waschen, trocknen, innen und außen mit Salz und Pfeffer einreiben. Die Leber fein würfeln.

Den Knoblauch pellen und feinhacken, die Rosmarin-Nadeln und die Salbeiblätter feinhacken, die Wacholderbeeren im Mörser zerstoßen. 3 EL Öl erhitzen und die Leber mit den Gewürzen darin andünsten (5 Min.), mit dem Grappa ablöschen.

Alles in die Ente füllen und diese verschließen (zunähen oder mit Spießchen zustecken). Das Pergamentpapier mit dem restlichen Öl einpinseln. Die Ente daraufsetzen, mit den Speckscheiben belegen und einwickeln. Das Papier anfeuchten und um das Pergamentpapier wickeln. Die verpackte Ente mit der Brust nach oben auf den Rost setzen und im vorgeheizten Ofen 2 Std. bei 200° backen.

Im Päckchen servieren und erst bei Tisch öffnen.

Anders als in Alufolie wird die Ente im Pergamentpapier schön braun.

Vierländer Ente mit Stachelbeersauce

Das brauchen Sie für 4 Portionen:

1 junge Mastente (ca. 1,5 kg) mit Innereien
1 Bund Suppengrün
3 Pfefferkörner
Salz, Pfeffer aus der Mühle

je 1 TL gehackte Petersilie und Schnittlauch
abgeriebene Schale und Saft von 1/2 Zitrone
Salz, Pfeffer aus der Mühle

... für die Füllung:
1 altbackenes Brötchen
1/8 l Milch
1 EL Butter
1 Entenleber
1 große Zwiebel
4 frische Salbeiblätter

... für die Sauce:
250 g grüne unreife Stachelbeeren
1/4 l Entenbrühe
1 EL Zucker
1 Prise Muskat
3 EL Crème fraîche

Und so wird's gemacht:

Die Ente waschen und trocknen, den Hals abschneiden, ebenso die Flügelspitzen. Die Ente innen mit Salz und Pfeffer einreiben. Die Zitrone halbieren und mit der Schnittfläche die Ente innen und außen einreiben. Hals, Flügelspitzen, Innereien (ohne die Leber) mit dem Suppengrün, den Pfefferkörnern und etwas Salz in 1 l Wasser gut eine Stunde kochen lassen. Zwischendurch abschäumen. Die Brühe kann ruhig auf die Hälfte einkochen. Anschließend durch ein feines Sieb gießen.

Das Brötchen grob würfeln, in der Milch einweichen und gut ausdrücken. Die Butter erhitzen und die Brotwürfel darin kurz anrösten.

Die Leber im Mixer pürieren. Zwiebel feinhacken, Salbeiblätter einschneiden. Alles vermischen, den Saft und die abgeriebene Schale der halben Zitrone zufügen, salzen und pfeffern und alles gut verkneten.

Diese Füllung in die Ente geben und sie zunähen oder zustecken. Die Ente mit der Brust nach unten auf den Rost der Saftpfanne legen und im Backofen bei 200° in 1 1/2 Std. goldbraun braten. Zwischendurch mit dem Bratensaft begießen. Die Ente herausnehmen und warmstellen.

Stachelbeeren in der vorbereiteten Entenbrühe weich kochen, mit Zucker und Muskat würzen. Dann die Früchte durch ein Sieb passieren. Nun die passierten Stachelbeeren in den Enten-Bratenfond geben und kräftig einkochen lassen, die Sauce muß sirupartig sein. Die Crème fraîche hinzufügen und nochmals aufkochen lassen. Die Ente zerteilen, die Füllung in Scheiben schneiden. Die Sauce getrennt dazu servieren.

49

Bayerische Ente mit Bierkruste

Das brauchen Sie für 4 Portionen:

1 junge Mastente (ca. 2 kg)	**2 kleine Zwiebeln**
etwas Salz	**2 Zweige Thymian**
Pfeffer aus der Mühle	**1 TL gemahlener Kümmel**
2 EL Butter	**1/4 l helles Bier**
2 säuerliche Äpfel	

Und so wird's gemacht:

Die Ente waschen, trocknen, innen und außen gut mit Salz, Pfeffer und Kümmel einreiben. In die Ente die 2 Äpfel (mit Schale, ohne Kerngehäuse), 2 Zwiebeln (nur gepellt) und 2 Zweige Thymian stecken. Die Ente zunähen oder mit Spießchen zustecken.

Die Butter im Bräter erhitzen, die Ente darin kurz und kräftig von allen Seiten anbraten. Dann in den vorgeheizten Backofen schieben und 2 Std. bei 200° gut durchbraten. Zwischendurch einmal wenden und ständig mit Bratensaft begießen. In der letzten halben Stunde mit Bier begießen; das ergibt eine besonders knusprige Haut.

Die Ente herausnehmen und zerteilen. Vom Entenfond das Fett abschöpfen und die Sauce getrennt zur Ente reichen.

Junge Nantaiser Ente

Das brauchen Sie für 4 Portionen:

1 Jungente	**1 große dünne Scheibe durchwachsener**
Salz	**Speck**
Pfeffer aus der Mühle	**30 g Butter**

Und so wird's gemacht:

Die Ente waschen, trocknen, innen und außen salzen und pfeffern. Die Butter in einem Brattopf erhitzen und die Ente darin leicht anbraten. Wenn sie schön goldbraun ist, den Topf schließen und 35 Min. weiterbraten. Vorher die Speckscheibe über die Entenbrust legen. Die Ente während des Bratens ab und zu wenden, aber nur auf den Rücken und die Seiten legen. Häufig mit dem Bratenfond begießen.
Die Ente sollte innen rosa bleiben.
Die Ente zerteilen und sofort servieren. Den Bratenfond als Sauce getrennt dazu reichen. Sollte zuwenig Bratenfond da sein, mit 3 EL Wasser oder Fleischbrühe ablöschen und einmal kurz aufkochen.

Wildente mit Zwiebeln und Pfirsichen

Das brauchen Sie für 4 Portionen:

1 große (oder 2 kleine) Wildente	**3 Pfirsiche (evtl. aus der Dose)**
etwas Salz	**1/8 l Hühnerbrühe**
Pfeffer aus der Mühle	**1/8 l Himbeeressig**
3 EL Butter	**1 Prise Zucker**
250 g kleine Zwiebeln	**3 Eigelb**
12 Lorbeerblätter	

Und so wird's gemacht:

Die Ente waschen, trocknen und innen und außen mit Salz und Pfeffer einreiben. 3 EL Butter in einem Bräter erhitzen und die Ente darin von allen Seiten kräftig anbraten. In den vorgeheizten Ofen schieben und 45 Min. bei 175° braten. Zwischendurch öfter mit dem Bratenfond übergießen.

Nach 45 Min. die gepellten Zwiebeln und die Lorbeerblätter zur Ente geben und 10 Min. mitbraten. Die Pfirsiche entsteinen und halbieren, ebenfalls zur Ente geben und weitere 10 Min. mitbraten. Nun Ente, Zwiebeln und Pfirsiche herausnehmen und warmstellen. Den Bratenfond mit 1/8 l Geflügelbrühe und 1/8 l Himbeeressig ablöschen und auf die Hälfte einkochen. Mit 1 Prise Zucker abschmecken. Zum Schluß die 3 Eigelb schaumig aufschlagen und die Sauce damit legieren. Getrennt zur Ente servieren.

Hierzu passen Kartoffelpüree oder Kroketten.

Gefüllte Ente mit Schinken und Kalbfleisch

Das brauchen Sie für 4 Portionen

1 Mastente (ca. 2 kg)	**100 g Kochschinken**
Salz	**100 g Kalbfleisch**
3 EL Butter	**1 Bund Thymian**
Pfeffer aus der Mühle	**1 Ei**
1 Entenleber (80 – 100 g)	**3 Zwiebeln**

Und so wird's gemacht:

Die Ente waschen, trocknen, innen und außen mit Salz und Pfeffer einreiben. Die Leber häuten und würfeln. Den Schinken würfeln, das Kalbfleisch sehr fein würfeln, am besten durch die feine Scheibe des Wolfs
drehen. Leber, Schinken und Kalbfleisch mit Thymian, Salz und Pfeffer
würzen. Das Ei unterrühren. Die Füllung in die Ente stecken, die Ente
zunähen oder mit Spießchen zustecken.
Die Butter im Bräter erhitzen und die Ente darin vorsichtig von allen
Seiten braun anbraten. In den vorgeheizten Backofen schieben und 2 Std.
bei 200° braten. Die Zwiebeln pellen, vierteln und um die Ente legen.
Zwischendurch übergießen. Die Ente herausnehmen und warm stellen.
Die Röststoffe mit 1/4 l Wasser loskochen, durch ein Sieb passieren und
etwas einkochen lassen. Getrennt zur Ente servieren. Die Ente zerlegen,
die Füllung in Scheiben schneiden.

Dazu passen Kartoffelklöße und Gemüse.

Wildente mit Apfelgratin und Nudeln aus Steckrüben (oder Steckrübenpüree)

Das brauchen Sie für 4 Portionen:

1 große oder 2 kleine Wildenten	**1 Bund glatte Petersilie**
1 Bund Suppengrün	**4 EL Butter**
1 Petersilienwurzel	**1 EL Honig**
2 Schalotten	**Butter und Mehl zum Binden**
4 EL Öl	**1/2 kg Boskop-Äpfel (oder andere**
1 Bund Thymian	**saure Äpfel)**
1 Zweig Rosmarien	**4 EL Schlagsahne**
5 Wacholderbeeren	**40 g Walnußkerne**
1/4 l Rotwein	**6 EL Quittengelee**
etwas Salz, Pfeffer aus der Mühle	**3 EL flüssige Butter**

Und so wird's gemacht:

Die Enten waschen und trocknen, die Flügel und den Hals abschneiden, innen und außen salzen und pfeffern. 2 EL Öl in einem Bräter erhitzen, die Petersilie im Bund in die Ente stecken und diese kräftig von allen Seiten anbraten. Nun die Ente mit der Brust nach oben in den Bräter setzen, die Brust mit Honig und Butter bestreichen und im vorgeheizten Ofen 25 Min. bei 220° braten.

In der Zwischenzeit die restlichen 2 EL Öl erhitzen und darin das geputzte und feingehackte Suppengrün, die Schalotten, Thymian, Rosmarin und Wacholderbeeren anrösten. Hals, Flügel und, wenn vorhanden, Innereien der Ente darin anrösten. Mit dem Rotwein und 1/2 l Wasser nach und nach ablöschen und im offenen Topf auf die Hälfte einkochen lassen. Den Fond durch ein Sieb geben, evtl. mit Butter und Mehl (kalt zu gleichen Teilen verkneten) binden. Die Ente aus dem Ofen nehmen, die Röststoffe mit dem Entenfond loskochen.

Die Ente zerteilen, mit der Sauce übergießen und servieren.

Für das Apfelgratin die Äpfel schälen, vierteln, das Kerngehäuse entfernen und in Spalten schneiden. Eine Gratinform mit Schlagsahne ausstreichen, mit gehackten Walnüssen bestreuen. Die Apfelspalten dachziegelartig darin anordnen. Das Quittengelee erwärmen, es wird dadurch flüssig, und die Apfelscheiben mit dem Gelee und der flüssigen Butter beträufeln. Das Gratin kann neben die Ente auf den Rost gestellt werden und ist in 15 Min. goldbraun überbacken.

54

Das brauchen Sie für die Nudeln aus Steckrüben:

1 kleine Steckrübe (ca. 500 g)   **1 Prise Zucker**
8 EL Schlagsahne   **Muskatnuß**
Salz

Und so werden sie gemacht:

Die Steckrübe schälen. Erst in Scheiben, dann in bandnudelbreite Streifen schneiden.
Die Schlagsahne erhitzen, die Steckrübenstreifen tropfnaß hineingeben. Mit Salz, Zucker und Muskat würzen und zugedeckt 10 Min dünsten, so daß sie knackig bleiben. Zwischendurch den Topf ein paarmal schütteln, damit nichts anbrennt.

Und so wird das Püree aus Steckrüben gemacht:

Die Steckrübe schälen, in Scheiben schneiden, dann würfeln. In Salzwasser etwa 15 Min. garkochen. Abgießen, pürieren und mit Sahne, Salz, Zucker und Muskat abschmecken.

Gebratene Ente mit Pfefferrahmsauce

Das brauchen Sie für 4 Portionen:

1 junge Mastente (ca. 2,8 kg)	**1 Stück Sellerie**
Salz	**1 EL Tomatenmark**
Pfeffer aus der Mühle	**2 EL Mehl**
1/2 TL Beifuß	**1/4 l Rotwein**
1 EL Majoran	**1/2 l Wasser**
1 EL Thymian	**25 g Schalotten**
1 EL Basilikum	**2 EL Butter**
1/8 l Rotwein	**1 TL eingelegter grüner Pfeffer**
1/8 l Wasser	**1 Bund glatte Petersilie**
	1/8 l Schlagsahne
1 EL Öl	**Salz**
Entenklein (Hals, Flügel, Innereien)	**Pfeffer aus der Mühle**
1 Zwiebel (mittelgroß)	**2 EL Cognac**
1 Möhre (mittelgroß)	**4 EL Crème fraîche**

Und so wird's gemacht:

Die Ente waschen, trocknen, Hals und Flügel abtrennen, innen und außen mit Salz, Pfeffer, Beifuß, Majoran, Thymian und Basilikum einreiben. In eine Fettpfanne setzen, in den vorgeheizten Ofen schieben und 2 Std. bei 225° braten. Sobald sich Röststoffe bilden, abwechselnd Wasser und Rotwein zugießen und die Ente damit beschöpfen.

Soll die Entenbrust rosa sein, nach 1 1/2 Std. die Ente aus dem Ofen nehmen, die Brust ablösen, in Alufolie wickeln und warm stellen. Den Rest weiterbraten.

Dann den Rest der Ente herausnehmen, ebenfalls warm stellen. In den Bratenfond 1 EL Öl geben, das Entenklein und die Innereien hineingeben, ebenso das gewürfelte Gemüse. Alles andünsten, 1 EL Tomatenmark und das Mehl zugeben. Unter Rühren braun rösten. Nach und nach 1/2 l Wasser und 1/4 l Rotwein zugießen. Dazwischen immer umrühren und die Flüssigkeit etwas einkochen lassen. Nach etwa 1/2 Std. das Entenklein und das Gemüse herausnehmen und den Fond durch ein Sieb gießen. 2 EL Butter erhitzen, die Schalotten ganz fein würfeln und darin glasig dünsten. Den Pfeffer im Mörser zerstoßen, die Petersilie fein hacken. Beides mit der Sahne und den Schalotten zur Grundsauce geben. Gut verrühren und aufkochen, evtl. etwas einkochen. Mit Salz und Pfeffer abschmecken. Zum Schluß Crème fraîche und den Cognac unterrühren.

Die Ente zerteilen, die Sauce getrennt zur Ente servieren.

Ente mit Wildfüllung

Das brauchen Sie für 4 Portionen:

1 junge Mastente (ca. 2 kg)	**1/8 l Madeira**
Salz	**2 Eier**
Pfeffer aus der Mühle	**1/8 l süße Sahne**
20 g Butter	**50 g Pinienkerne**
750 g Wildgulasch	**2 säuerliche Äpfel**
1 EL Öl	**70 g entsteinte Backpflaumen**
Thymian	**1/8 l Crème fraîche**

Und so wird's gemacht:

Die Ente waschen, trocknen und innen und außen mit Salz und Pfeffer einreiben. Von außen auch mit etwas Butter einstreichen.
Für die Füllung 250 g Wildgulasch feinwürfeln. Das Öl in einer Pfanne erhitzen und die Fleischwürfel darin anbraten. Mit Salz, Pfeffer und Thymian würzen und mit Madeira ablöschen. Abkühlen lassen.
Das restliche Wildgulasch durch die feine Scheibe des Fleischwolfs drehen. Die Pinienkerne in einer trockenen Pfanne rösten und abkühlen lassen. Die Äpfel in feine Stifte schneiden. Die Backpflaumen kleinschneiden.
Das durchgedrehte Fleisch mit den Eiern und der Sahne vermischen. Die Gulaschwürfel mit Madeira, Pinienkernen, Apfelstiften und Pflaumenwürfeln ebenfalls unter das durchgedrehte Fleisch rühren. Mit Salz, Pfeffer und Thymian abschmecken. Alles in die Ente geben und zunähen oder zustecken. Die Ente auf die Saftpfanne des Backofens setzen und im vorgeheizten Ofen 2 Std. bei 200° braten. Zwischendurch mit dem Bratenfett begießen. Dann die Ente auf einen Rost legen, den Bratenfond in einen Topf gießen, etwas Fett abnehmen, mit der Crème fraîche binden und etwas einkochen lassen. Die Ente zerteilen, die Füllung in Scheiben schneiden und getrennt zu der Sauce servieren.

Dazu passen Spätzle und kräftiger Salat.

Ente mit Speck-Morchel-Leber-Pistazien-Füllung

Das brauchen Sie für 4 Portionen:

1 junge Mastente (ca. 1,5 kg)	**... für die Füllung**
750 g Entenklein	**100 g durchwachsener Speck**
4 El Öl	**50 g fetter Speck**
1 Bund Suppengrün	**10 g getrocknete Morcheln**
1 EL Pfefferkörner	**Leber der Mastente**
4 Wacholderbeeren	**Fleisch von 2 Entenkeulen**
2 Zweige frisches Liebstöckel	**2 EL roter Portwein**
2 EL Tomatenmark	**2 EL Cognac**
1/2 l Rotwein	**50 g Pistazienkerne geröstet**
1 EL Sherryessig	**Pfeffer aus der Mühle**
Salz, Pfeffer aus der Mühle	

Und so wird's gemacht:

Die Ente waschen und trocknen und entbeinen. Die entbeinte Ente auf der Hautseite ausbreiten. Die Keulen zurückbehalten für die Füllung.
Für die Sauce alle Knochen der Ente und das Entenklein in Stücke hacken und alles mit Öl in einem schweren Topf kräftig anbraten. Das feingehackte Suppengrün, Pfefferkörner, Wacholderbeeren, die Liebstöckelzweige dazugeben, unter Rühren ebenfalls scharf anrösten. Tomatenmark und Rotwein zugeben und unter Rühren den Wein verkochen lassen. Knochen und Gemüse mit Wasser aufgießen, bis alles gut bedeckt ist, und auf kleiner Hitze 3 Std. kochen lassen. Wenn nötig abschäumen. Nach 3 Std. den Knochenfond durch ein Sieb gießen, entfetten und die Brühe auf 1/4 l einkochen lassen. Mit Essig, Salz und Pfeffer würzen und warm stellen.
Für die Füllung die Morcheln in heißem Wasser einweichen. Den durchwachsenen Speck in feine Würfel schneiden. Den fetten Speck, die Leber, das abgelöste Fleisch der 2 Keulen würfeln und durch die feine Scheibe des Fleischwolfs drehen. Portwein und Cognac unterrühren. Die Morcheln zerzupfen und mit den Speckwürfeln und den gerösteten Pistazien unter die Farce mischen und pfeffern. Diese Farce in die Mitte der ausgebreiteten Ente streichen, die Seiten darüberklappen und mit Küchengarn zusammennähen. Die Ente rundherum mit Salz und Pfeffer einreiben und mit der Nahtstelle nach unten auf die Fettpfanne setzen. Im vorgeheizten Ofen 2 Std. bei 200° braten. Öfter mit dem Bratensaft begießen.
Die Ente in Scheiben schneiden und mit der Bratensauce servieren.

58

Gebratene Ente auf süßsaurem Linsensalat

Das brauchen Sie für 4 Portionen:

1 junge Mastente (ca. 1,5 kg)	**100 g durchwachsener Speck**
Salz	**4 EL Bratenfond**
Pfeffer aus der Mühle	**6 EL Rotweinessig**
2 Boskop-Äpfel	**4 EL Johannisbeersaft**
2 Zwiebeln	**Salz**
2 Zweige Thymian	**Pfeffer aus der Mühle**
	1 TL Zucker
Das brauchen Sie für den Linsensalat:	**8 TL Traubenkernöl**
300 g Linsen	**1 Bund Schnittlauch**

Und so wird's gemacht:

Die Ente waschen, trocknen und innen und außen mit Salz und Pfeffer
einreiben. Äpfel, Zwiebeln und Thymian in die Ente stecken und diese an
beiden Enden zubinden oder zustecken. Die Ente auf die Saftpfanne
setzen und in den vorgeheizten Ofen schieben und bei 200° ca. 1,5 Std.
braten. Dabei zwischendurch mit dem austretenden Bratensaft übergießen. Die Ente herausnehmen, zerteilen und warm stellen.
Für den Linsensalat die Linsen in 2 l kaltes Wasser geben und bei milder
Hitze in ca. 30 Min. bißfest garen. Den Speck in feine Streifen schneiden
und in einer Pfanne glasig werden lassen. Die Hälfte herausnehmen und
beiseite stellen, den Rest kräftig auslassen. Die Linsen abgießen und in
einem Sieb mit lauwarmem Wasser abspülen, bis sie sauber und klar sind.
Das ausgelassene Speckfett und 4 EL Entenbratenfonds über die Linsen
gießen. Aus dem Salz, Pfeffer, Essig, Zucker, Öl und Johannisbeersaft eine
Salatsauce zubereiten und vorsichtig unter die Linsen mischen. Die gla-
sigen Speckstreifen und die Schnittlauchröllchen unterheben. Sofort servieren. Der Salat sollte lauwarm mit der noch warmen Ente gegessen
werden.

Ente mit Rosenkohl-Steinpilz-Füllung

Das brauchen Sie für 4 Portionen:

1 junge Mastente (ca. 1,8 kg)	**3 EL Öl**
Salz	**2 EL Crème fraîche**
Pfeffer aus der Mühle	**2 kleine Eier**
30 g getrocknete Steinpilze	**1 Bund Suppengrün**
500 g frischer Rosenkohl	**evtl. Soßenbindemittel**
100 g Zwiebeln	

Und so wird's gemacht:

Die Ente waschen, trocknen und innen und außen mit Salz und Pfeffer einreiben.

Den Rosenkohl putzen und in leicht gesalzenem Wasser ca. 15 Min. garen. Die Pilze in 1/4 l lauwarmem Wasser einweichen. 50 g Zwiebeln fein-hacken. Das Öl in einer Pfanne erhitzen und darin die gehackten Zwie-beln und 2/3 der ebenfalls kleingeschnittenen Pilze andünsten und etwas abkühlen lassen. Ein paar Rosenkohlröschen beiseite legen, den Rest mit dem Schneidstab des Handmixers pürieren. Das Rosenkohlpüree, das Zwiebel-Pilz-Gemisch, Crème fraîche, die Eier und die zurückbehaltenen Rosenkohlröschen vermengen und mit Salz und Pfeffer abschmecken. Die Füllung in die Ente geben, diese zunähen oder zustecken.

Die Ente mit der Brustseite nach unten auf die Saftpfanne des Backofens legen. Das Suppengrün und die restlichen Zwiebeln grob zerteilen und um die Ente legen. Falls Innereien vorhanden, ebenfalls um die Ente legen. Die Hälfte des Pilz-Einweichwassers zugeben und alles im vorgeheizten Ofen bei 200° ca 2 Std. garen. Zwischendurch mit dem austretenden Saft übergießen. Die Ente herausnehmen, zerteilen und warm stellen. Mit dem restlichen Pilzwasser den Bratenfond ablöschen, durch ein Sieb passieren, die restlichen Pilze in den Fond geben und etwas einkochen lassen. Bei Bedarf binden. Die Sauce getrennt zur Ente reichen.

Dazu passen Kartoffeln und Kartoffelklöße.

Entenrollbraten mit Schinken und Kalbfleischfüllung

Das brauchen Sie für 4 Portionen:

1 Mastente (ca. 2 kg)	**100 g Kochschinken**
Salz	**100 g Kalbfleisch**
3 EL Butter	**1 Bund Thymian**
Pfeffer aus der Mühle	**1 Ei**
1 Entenleber (80 – 100 g)	**1 Zwiebel**

Und so wird's gemacht:

Die Ente waschen, trocknen und entbeinen (siehe Seite 17). Das Fleisch mit Salz und Pfeffer würzen und kühl stellen.

Die Leber häuten und würfeln, den Schinken würfeln, das Kalbfleisch zerteilen und alles durch die mittlere Scheibe des Wolfs geben. Mit Thymian, Salz und Pfeffer würzen, das Ei unterrühren und alles gut vermischen. Die Füllung zu einer Rolle formen und auf das ausgebeinte Entenfleisch legen. Das Fleisch von den Seiten her über der Füllung zusammenklappen und mit einem Fleischfaden umwickeln. An den Enden zunähen, damit keine Füllung herausläuft.

3 EL Butter in einem Bräter erhitzen, den Entenrollbraten hineinlegen, die Zwiebel vierteln und um den Braten legen. Alles in den vorgeheizten Ofen schieben und bei 200° ca. 2 Std. braten. Die Haut zwischendurch einstechen und den Braten mit Fond übergießen. Sobald sich Röststoffe bilden, etwas Wasser zugeben. Nach 2 Std. die Ente herausnehmen und warmstellen. Den Fond mit 3 EL Wasser ablöschen, das Fett abschöpfen und durch ein Sieb passieren. Abschmecken, etwas sämig einkochen lassen und getrennt zur Entenrolle servieren.

Der Entenrollbraten läßt sich sehr gut in Scheiben schneiden.

Dazu passen Kartoffelklöße.

Tip: Aus den Knochen bereitet man einen Entenfond, den man sehr gut einfrieren kann.

Chinesische Entengerichte

Ein paar allgemeine Tips

Auch mit den gebräuchlichen Geräten unserer Küche können Sie problemlos original chinesische Gerichte zubereiten. Zumindest die hier aufgeführten. Sie benötigen ein großes Schneidebrett und einige sehr scharfe Messer sowie eine Küchenschere. Der traditionelle chinesische Topf ist der „Wok". Man kann statt dessen ebensogut eine Pfanne oder einen normalen Topf verwenden. Zum Abtropfen genügt ein gewöhnliches Küchensieb. Nötig ist ein großer Topf, in den man ein Sieb zum Dämpfen hängen kann.

Ganz wichtig bei chinesischen Gerichten ist es, die Zutaten zu zerkleinern, und zwar immer in gleich große Stücke, damit sie immer zur gleichen Zeit gar sind. Das Zerschneiden ist wesentlich einfacher, wenn man das Fleisch anfrieren läßt. Man schneidet die Zutaten für ein Gericht immer alle in der gleichen Form. Entweder in Scheiben, Streifen oder Würfel. Man schneidet das Fleisch immer quer zur Faser.

Genauso wichtig wie das Kochen ist das Vorbereiten, d. h. Zerkleinern und Abmessen sämtlicher Zutaten, da alle nacheinander sehr rasch geröstet oder angeröstet werden. *Rösten* heißt, unter ständigem Rühren mit einem Küchenspachtel in einer Pfanne scharf anbraten. *Anrösten* geschieht bei mäßiger Hitze in Öl, man erreicht dadurch, daß die einzelnen Teile nicht aneinander kleben.

Knusprige Walnußente

Das brauchen Sie für etwa 6 Portionen:

1 Ente (ca. 2,5 kg)	**Pfeffer aus der Mühle**
2 l Öl	**250 g Walnußhälften**
1 Frühlingszwiebel (mit Grün zerhackt)	**20 feingehackte Wasserkastanien**
1 kleines Stück Ingwer zerdrückt	**5 Eier**
(evtl. 1/2 TL Ingwerpulver)	**150 g Stärkemehl**
4 EL kochendes Wasser	**Schweineschmalz zum Einreiben**
2 EL Reiswein	**2 Eiweiß**
Salz	

Und so wird's gemacht:

Die Zwiebelstücke und den Ingwer in eine Schüssel geben und mit 4 EL kochendem Wasser übergießen. 15 Std. stehen lassen. 2 EL von dem nun aromatisierten Wasser abnehmen, 1 EL Reiswein, etwas Salz und Pfeffer dazugeben und gut verrühren.

Die Ente waschen und trocknen und innen und außen mit dieser Marinade einreiben, mit Folie abdecken und mindestens 2 Std., besser über Nacht stehen lassen. Die Folie abnehmen und die Ente in den Einsatz eines Dampftopfes geben und über kochendem Wasser 40 – 60 Min. dämpfen. Herausnehmen und soweit abkühlen lassen, daß man sie entbeinen kann (siehe Seite 17). Die Haut darf bis auf den Schnitt am Rücken nicht verletzt werden. Das Fleisch in Würfel schneiden. Haut und Fleisch beiseite stellen.

1/2 l Öl in einer Pfanne erhitzen und die Walnußhälften hineingeben und 2 – 3 Min. bräunen. Sobald sie dunkler werden, herausnehmen und auf dem Papierhandtuch abtropfen lassen und in feine Würfel hacken.

Nun Walnußstücke, Entenfleisch, Wasserkastanienstücke, Eier, Salz, Zucker und 1 EL Reiswein gut vermischen. Die Entenhaut auf einem Brett ausbreiten, 3 EL Stärkemehl mit einem Sieb auf das Innere der Haut streuen. Die Walnußfüllung dazugeben und die Haut zusammenklappen, und zwar so, daß sich wieder die Form einer Ente ergibt. Die Ente mit Schweineschmalz einreiben. Die 2 Eiweiß mit dem restlichen Stärkemehl vermischen, die Ente damit einstreichen, 1/2 Std. ruhen lassen. Das gesamte Öl, auch das bereits gebrauchte, in einer großen Pfanne erhitzen, die Ente vorsichtig hineingeben und auf jeder Seite 5 – 10 Min. braten, bis sie knusprig und braun ist. Herausnehmen, abtropfen lassen und in Scheiben geschnitten servieren.

Knusprige Sezuan-Ente

Das brauchen Sie für etwa 6 Portionen:

1 Ente (ca. 2,5 kg)	1 TL Sojasauce
1 Frühlingszwiebel (mit Grün zerhackt)	2 Eiweiß
1 kleines Stück Ingwer zerhackt	3 EL Stärkemehl
(evtl. 1/2 TL Pulver)	1 EL Reiswein
2 Zimtstangen, gebrochen	1/2 TL Zucker
2 Stück Sternanis	2 l Öl
1 TL Sezuan-Pfeffer	Mehl zum Einreiben
etwas Salz	

Und so wird's gemacht:

Zimt, Sternanis, Sezuan-Pfeffer und ca. 1 EL Salz im Mörser grob zerstoßen, vermischen und in 2 EL Öl anbraten, bis sie zu bräunen beginnen. Etwas abkühlen lassen.

Die Ente waschen und trocknen und mit dem nun gewürzten Öl einpinseln, die noch vorhandenen Stücke mit der Frülhlingszwiebel und dem Ingwer in die Ente geben. Die Ente mit Folie abdecken und mindestens 3 Std., am besten über Nacht kalt stellen. Nun die Ente großzügig mit Mehl einreiben und in den Einsatz eines Dampftopfes geben und ca. 1 1/2 Std. dämpfen. Die Ente erkalten lassen, mit Sojasauce einreiben und 1/2 Std. einziehen lassen.

Das Eiweiß mit Stärkemehl, Reiswein, Zucker und etwas Salz so vermischen, daß es zu einer Paste wird. Diese Paste auf die Ente streichen und sie ebenfalls 1/2 Std. einziehen lassen.

2 l Öl in einer großen Pfanne sehr heiß werden lassen. Die Ente mit dem Rücken nach unten in die Pfanne legen. So lange braten, bis sie braun und knusprig ist. Zwischendurch mit Öl übergießen. Die Ente vorsichtig wenden, dasselbe wiederholen. Die Ente heiß servieren und am Tisch tranchieren.

Hierzu paßt die Wasserkressegarnierung und gewürztes Salz.

Wasserkressegarnierung für die Ente

Das brauchen Sie für 6 Portionen:

300 g Wasserkresse (ohne die dicken Stengel)
1 EL Sesamöl

1 EL Sojasauce
etwas Salz
1 TL Zucker

Und so wird's gemacht:

Die Kresse gut waschen und trockenschütteln. Sojasauce, Sesamöl, Salz und Zucker gut vermischen, die Wasserkresse dazugeben, durchschütteln und als Garnierung benutzen.

Gewürztes Salz

So wird's gemacht:

4 EL Sezuan-Pfefferkörner ohne Öl in einer Pfanne rösten, bis sie fast rauchen, vom Herd nehmen, abkühlen lassen. In einem Mörser zerstoßen und mit 4 EL Salz vermischen.

Acht wertvolle Schätze

Chinesisches Original-Rezept für 8 und mehr Personen. Das brauchen Sie:

1 Ente (ca. 3 kg)	1 Dose Ginkgo-Nüsse
24 Eßkastanien (Maroni)	3 TL Zucker
250 g Graupen	Salz nach Geschmack
16 chinesische Datteln	2 EL Reiswein
18 getrocknete Morcheln	3 EL Stärkemehl
2 EL Öl	5 EL Wasser
125 g Bambussprossen, fein gewürfelt	1/4 l Hühnerbrühe
125 g gekochter Schinken, fein gewürfelt	3 EL Korianderblätter, feingehackt

Und so wird's gemacht:

Ente enthäuten und Knochen entfernen (s. Seite 17). Die Haut aufheben, möglichst heil lassen. Fasern, Sehnen und Hautstücke wegschneiden, das Fleisch in gleichmäßig kleine Würfel schneiden. Beiseite stellen.
Die Maroni aufschlitzen und in genügend Wasser ca. 5 Min. kochen. Herausnehmen, abtropfen und abkühlen lassen. Nun abschälen, nochmals in eine Pfanne mit heißem Wasser geben und in ca. 30 Min. weichkochen.
Die Graupen ebenfalls in heißes Wasser geben und garkochen – ca. 40 Min.
Die Pilze mit kochendem Wasser übergießen und 1 Std. quellen lassen. Herausnehmen, abtropfen lassen und in kleine Würfel schneiden. Es müssen jetzt mindestens 100 g sein. Das Pilzwasser aufheben.
Nun 2 EL Öl in einer Pfanne erhitzen, die Entenfleischwürfel hineingeben und unter Rühren 5 Min. kräftig anbraten. Nun nacheinander die Datteln, Pilze, Bambussprossen und den Schinken dazugeben. Jede Zutat für sich 2 Min. kräftig unter Rühren anbraten. Die Ginkgo-Nüsse abtropfen lassen und ebenfalls 2 Min. mit anbraten.
Jetzt die Eßkastanien dazu, mit Pilzflüssigkeit ablöschen, mit Zucker und Salz abschmecken, den Reiswein zugießen. Alles 10 Min. braten, dann die Graupen zugeben und kurz aufkochen. 2 EL Stärkemehl und 3 EL Wasser verrühren und die ganzen Zutaten damit binden. Vom Feuer nehmen. Die Entenhaut in einer Schüssel ausbreiten, mit der Mischung füllen, zusammenklappen und sorgfältig zunähen. In den Einsatz eines Dampftopfes geben und über kochendem Wasser 2 Std. dämpfen. Die Flüssigkeit, die sich im Einsatz gebildet hat, abgießen, die Hühnerbrühe dazugeben, mit Salz abschmecken und mit dem restlichen Stärkemehl binden. Aufkochen lassen, den gehackten Koriander hineingeben. Die Ente in Scheiben schneiden, mit der Sauce übergießen. Sehr heiß servieren.

Peking-Ente I

Das brauchen Sie für etwa 6 Portionen:

1 Ente (2,5 – 3 kg)	**2 Bund Frühlingszwiebeln**
1/8 L Rotweinessig	**40 chinesische Pfannkuchen**
1/4 l Wasser	**Peking-Enten-Sauce I oder II**
4 – 5 EL Honig	

Und so wird's gemacht:

Die Ente innen und außen waschen und sehr gründlich trocknen. Sämtliche Fettstücke und die Flügelspitzen abschneiden. Die Bauchhöhle fest zunähen. Nun mit den Fingern vorsichtig die Haut vom Fleisch lösen. Einen dicken festen Strohhalm in ein kleines Loch in der Nackenhöhle stecken. Jetzt die Ente wie einen Ballon aufblasen, bis sie mehr als doppelt so groß ist. Das Loch schließen, indem man einen Faden mehrfach ganz fest und den Hals wickelt. Die Ente auf einen Rost legen und von allen Seiten 2mal mit kochendem Wasser übergießen. Sehr vorsichtig wenden. Anschließend mit kaltem Wasser abspülen und gut trockentupfen.
Essig, Wasser und Honig gut vermischen und die ganze Ente damit einpinseln. Jetzt die Ente in einem kühlen Raum 12 Std. aufhängen.
Den Ofen auf 200° vorheizen, die Ente mit dem Rücken auf den Rost des Grills legen und ca. 1 Std. braten. Dabei alle 15 Min. wenden, damit sie von allen Seiten schön dunkelbraun wird.
Die Frühlingszwiebeln putzen, mit dem Grün in ca. 5 cm lange Stücke schneiden. Die Spitzen einige Male einschneiden. In einen Topf mit kaltem Wasser schütten, stehenlassen, bis sich die Enden kräuseln. Danach abtropfen lassen.
Wenn die Ente gar ist, die Haut ablösen und in mundgerechte Stücke zerteilen, ebenfalls das Entenfleisch. Man ißt zuerst die Haut und dann das Fleisch. Und zwar so: Legen Sie einen Pfannkuchen (s. Seite 69) auf den Teller, geben Sie etwas Entensauce darauf und ein Stück Haut. Benutzen Sie die Frühlingszwiebel als Pinsel und verstreichen Sie die Sauce auf dem ganzen Pfannkuchen, wickeln Sie ihn auf und essen Sie ihn mit den Fingern.

Peking-Ente II

Das brauchen Sie für etwa 6 Portionen:

1 Ente (2,5 – 3 kg)	**2 Bund Frühlingszwiebeln**
Wasser	**40 Chinesische Pfannkuchen**
2 EL Honig	**Peking-Enten-Sauce I oder II**

Und so wird's gemacht:

Die Ente innen und außen waschen und gründlich trockentupfen. Einen Strick um den Nacken der Ente binden, man kann sie sonst im heißen Wasser nicht halten.

Einen großen Topf mit Wasser zum Kochen bringen. Die Ente darin eintauchen und eine Minute hin und her schwenken. Herausnehmen, etwas abtrocknen lassen, dann diesen Vorgang wiederholen. Insgesamt 3mal. Jetzt die Ente an einem kühlen Ort für 6 Std. aufhängen, bis sie richtig trocken ist. 2 EL Honig und 10 EL Wasser vermischen, die trockene Ente damit gut einpinseln und nochmal 4 Std. aufhängen. Sollte Honig-Wasser-Gemisch übrig sein, dieses auf die Ente pinseln.

Den Backofen auf 230° vorheizen, die Ente mit dem Rücken nach unten auf den Rost eines großen Bräters setzen. 10 Min. braten lassen, vorsichtig mit einem Küchentuch umwenden und nochmals 10 Min. braten. Aufpassen, die Ente brennt leicht an. Jetzt die Hitze reduzieren auf 150° und von beiden Seiten je 20 Min. braten. Damit die Ente schön knusprig wird, jetzt von jeder Seite nochmal 10 Min. bei 230° braten. Die Frühlingszwiebeln putzen, mit dem Grün in ca. 5 cm lange Stücke schneiden. Die Spitzen einige Male einschneiden. In einen Topf mit kaltem Wasser schütten, stehenlassen, bis sich die Enden kräuseln. Danach abtropfen lassen.

Wenn die Ente gar ist, die Haut ablösen und in mundgerechte Stücke zerteilen, das Entenfleisch ebenfalls. Man ißt zuerst die Haut und dann das Fleisch. Und zwar so: Legen Sie einen Pfannkuchen (s. Seite 69) auf den Teller, geben Sie etwas Entensauce darauf. Benutzen Sie die Frühlingszwiebeln als Pinsel und verstreichen Sie die Sauce auf dem ganzen Pfannkuchen, geben Sie ein Stück Haut und die Frühlingszwiebel darauf, wickeln Sie den Pfannkuchen auf und essen Sie ihn mit den Fingern.

Peking-Enten-Sauce I

4 EL Bohnensauce	2 EL Öl
1 EL Wasser	5 gehackte Chilipfefferkörner
1 EL Zucker	1 TL Sesamöl

Die Bohnensauce mit Wasser und Zucker vermischen, ganze Bohnen zerdrücken. Das Öl in einer Pfanne erhitzen, den Chilipfeffer hineingeben. 1 Min. durchrühren, dann vom Herd nehmen. Den Pfeffer herausnehmen, die Bohnensauce hineingeben, 1 Min. unter Rühren kochen lassen. In eine kleine Schüssel geben, das Sesamöl einrühren. Servieren.

Peking-Enten-Sauce II

4 EL Bohnensauce	3 EL Öl
1 EL Zucker	

Die Bohnensauce mit dem Zucker vermischen. Öl in einer kleinen Pfanne erhitzen und die Bohnensauce dazugeben. Zum Kochen bringen, einmal aufkochen und servieren.

Chinesische Pfannkuchen

Das brauchen Sie für 40 Pfannkuchen:

1250 g Mehl	Sesamöl
30 EL kochendes Wasser	

Das Mehl in eine Schüssel geben, das kochende Wasser zugeben und rühren, dann gründlich verkneten. Zugedeckt 1 Std. gehen lassen. Nochmals verkneten und dazu 2 Rollen von 2,5 cm Durchmesser formen. Jede Rolle in 20 gleiche Teile schneiden, jedes Teil zu einem Ball formen, flachdrücken und mit Sesamöl bepinseln. Je 2 so zusammenlegen, daß die beiden Ölseiten aufeinander liegen. Mit einer Kuchenrolle zu 15 cm Durchmesser großen Pfannkuchen ausrollen. Sesamöl in einer Pfanne erhitzen und jeden Pfannkuchen etwa 30 Sek. auf beiden Seiten braten. Pfannkuchen wieder voneinander trennen, stapeln und in Aluminiumfolie wickeln. Im Dampftopf über kochendem Wasser zugedeckt 20–30 Min. dämpfen.

Geröstete Ente mit Bohnensprossen

Das brauchen Sie für 4 Portionen:

1 kleine oder 1/2 Ente (ca. 1,3 kg)	**1 EL Reiswein**
500 g Bohnensprossen	**6 EL Öl**
1/2 TL Zucker	**2 EL Sojasauce**
Salz nach Geschmack	

Und so wird's gemacht:

Das Entenfleisch mit der Haut von den Knochen lösen, auf ein Brett legen und mit einem scharfen Messer in feine lange Streifen schneiden.
Die Bohnensprossen gründlich abspülen und abtropfen lassen. Zucker, Salz und Reiswein mischen.
3 EL Öl in einer Pfanne erhitzen und die Entenstreifen mit der Sojasauce darin kräftig 1–2 Min. unter Rühren anbraten.
In einer zweiten Pfanne 3 EL Öl erhitzen und die Bohnensprossen darin 1 Min. kräftig unter Rühren anbraten. Die Sprossen herausnehmen, abtropfen lassen und zu dem Entenfleisch in die erste Pfanne geben. Gewürze dazugeben und alles vermischen. Nochmals kurz aufkochen und sehr heiß servieren.

Geröstete Ente Kantoner Art

Das brauchen Sie für 6 - 8 Portionen:

1 Ente (ca. 3 kg)	**1 zerhackte Knoblauchzehe**
1 EL Bohnensauce	**1 Sternanis**
2 EL Reiswein	**1 1/4 l Wasser**
1 1/2 EL Zucker	**1/8 l Rotweinessig**
1/2 TL Chinesische Würzmischung	**4 EL Honig**
2 EL Sojasauce	

Und so wird's gemacht:

Die Ente waschen und innen und außen gut trocknen. Die Flügelspitzen und den Hals abschneiden.

Bohnensauce, Reiswein, Zucker, Gewürzmischung, Sojasauce, Knoblauch und Sternanis vermischen und damit die Ente innen gut einreiben, den Rest der Mischung einfach hineinfüllen. Nun die Ente gut zunähen, so daß beim Braten die Sauce nicht aus dem Inneren laufen kann.

1 l Wasser zum Kochen bringen, die Ente auf einen Rost legen, von beiden Seiten mit dem kochenden Wasser übergießen, anschließend mit einem Küchentuch trockenklopfen.

1/4 l Wasser mit Weinessig und Honig vermischen, erhitzen und mit dieser Mischung die Ente einpinseln. Nun die Ente an einem kühlen Platz über Nacht aufhängen.

Den Backofen auf 220° vorheizen und die Ente mit dem Rücken nach unten auf den Grill legen, 10 Min. braten, die Hitze reduzieren auf 175°, die Ente mit einem Küchentuch wenden (keine Gabel benutzen), weitere 10 Min. braten und wieder mit dcm Küchentuch wenden. Diesen Vorgang zweimal wiederholen, die Ente hat dann 1 Std. gebraten. Jetzt den Ofen wieder auf 220° stellen und von jeder Seite nochmals 10 Min. braten.

Die Ente aus dem Ofen nehmen und sehr heiß servieren.

Geräucherte Ente

Das brauchen Sie für 6 – 8 Portionen:

1 Ente (ca. 3 kg)	**12 EL Zucker**
1 EL schwarze Pfefferkörner	**Öl**
100 g schwarze Teeblätter	**Kräuter zum Garnieren**
100 g ungekochter Reis	**Aluminiumfolie**
2 EL Salz	

Und so wird's gemacht:

Die Ente waschen und trocknen. Sämtliche Fettstücke entfernen.
Die Pfefferkörner und das Salz in eine kleine Pfanne geben und erhitzen.
Schütteln, damit sie nicht anbrennen, so lange, bis sie rauchen. Vom Herd
nehmen und abkühlen lassen.
Wenn sie kalt sind, die Ente innen und außen damit gut einreiben. Dann
die Ente mit einer Plastikfolie gut umwickeln, in eine kleine Schüssel
legen und ein schweres Gewicht darauf stellen. Mindestens 24 Std. stehen
lassen.
Danach die Ente gut abspülen und mit dem Rücken nach unten in den Einsatz eines Dampftopfes legen und über kochendem Wasser ca. 1,5 – 2 Std.
gar dämpfen. Eine große Pfanne dick mit Aluminiumfolie auslegen. Tee-
blätter, Zucker und Reis gut vermischen und auf die Folie streuen. Einen
Einsatz in die Pfanne legen, so daß die Ente mindestens 2,5 cm über dem
Pfannenboden ist (man kann auch 4 Spieße über Kreuz legen und die
Ente darauflegen). Die Ente mit dem Rücken nach unten auf den Einsatz
legen. Die Pfanne ganz dicht verschließen, mit einem Deckel und Folie
oder nur mit doppelter Folie und auf eine sehr heiße Herdplatte stellen
und 10 Min. bei großer Hitze räuchern, dann die Hitze reduzieren und
nochmals 20 – 30 Min. räuchern. Jetzt vom Ofen nehmen und mindestens
2 Std. abkühlen lassen. Nach etwa 1 Std. kann man den Deckel oder die
Folie abnehmen.
Die Ente kalt oder lauwarm mit Kräutern garniert servieren.
Wer Ente gern heiß ißt, kann sie zerlegen und die einzelnen Stücke kurz
in sehr heißem Öl anbraten.

Chinesisches Entengeschnetzeltes

Das brauchen Sie für 4 Portionen:

4 Riesengarnelen (ca. 50 g)	**1/8 l Weißwein**
2 Entenbrüste	**4 EL Sojasauce**
2 Bund Frühlingszwiebeln	**3 EL chinesische Chilisauce**
150 g Shiitakepilze	**2 EL trockener Sherry**
10 g frischen Ingwer	**1 TL Speisestärke**
1 Knoblauchzehe	**4 EL Öl**

Und so wird's gemacht:

Die Garnelen waschen, längs halbieren, den Darm herausziehen. Die Entenbrust in schmale Streifen schneiden.

Die Shiitakepilze putzen, waschen, die Stiele entfernen und die Pilze halbieren.

Ingwer und Knoblauch in feine Stifte schneiden. Die Frühlingszwiebeln putzen und waschen, die dunkelgrünen Teile entfernen, die restlichen schräg in Stücke schneiden.

Wein, Sojasauce, Chilisauce, Sherry und Speisestärke verrühren.

In einer großen Pfanne 3 EL Öl erhitzen. Zuerst die Riesengarnelen von beiden Seiten je 2 Min. braten und von der Mitte weg zum Rand der Pfanne schieben. Pilze, Knoblauch und Ingwer in die Mitte der Pfanne geben, unter Wenden rasch und kräftig anbraten. Ebenfalls an den Rand schieben.

Dann die geschnetzelte Entenbrust in die Mitte der Pfanne geben, 1 EL Öl zugeben und 2 Min. kräftig anbraten. An den Rand schieben und in der Mitte der Pfanne die Frühlingszwiebeln 1 Min. anbraten. Die Sauce zugießen, alles verrühren und einmal richtig aufkochen.

Dazu paßt körnig gekochter Reis.

Lackierte Kantonesische Bratente

Das brauchen Sie für 4 Portionen:

1 junge Mastente (ca. 2 kg)	1 TL Pfefferkörner
reichlich Salz	2 EL Sojasauce
1 Bund Frühlingszwiebeln	1 EL Sherry
1 mittlere Zwiebel	1 EL Zucker
2 Knoblauchzehen	1 TL Zucker
1 Bund glatte Petersilie	3 EL Honig
2 EL Öl	1 EL Essig
2 TL Sternanis	1 EL Maisstärke

Und so wird's gemacht:

Die Ente waschen und gut trocknen. Von innen und außen reichlich mit Salz einreiben. Anschließend 2–3 Std. zum Trocknen aufhängen.
Die Zwiebeln und den Knoblauch fein hacken. Die Petersilie grob hacken, die Frühlingszwiebeln in 2 cm lange Stücke schneiden. 2 EL Öl in einer Pfanne erhitzen und darin das Gemüse unter Rühren scharf anbraten. Mit 1/4 l Wasser auffüllen, 5 Min. kochen lassen. Pfefferkörner, Sojasauce, Zucker, Sternanis und Sherry dazugeben und noch einmal aufkochen.
Diese Mischung in die Ente füllen. Die Ente sorgfältig an beiden Seiten zunähen und sie anschließend im Ofen aufhängen. Dazu stellt man die Fettpfanne auf den Boden, den Rost auf die oberste Leiste. Mit Fleischerhaken und Küchengarn am Gitterrost aufhängen. Die Ente bei 175° ca. 1 Std. braten. Den Honig in 1/8 l kochendem Wasser auflösen und die Ente damit während des Bratens ständig bepinseln.
Nach einer Stunde die Ente herausnehmen, am Bauch aufschneiden, so daß die Flüssigkeit herauslaufen kann. Mit der Flüssigkeit die Röststoffe in der Fettpfanne ablöschen, die Maisstärke mit Wasser verquirlen und die Sauce damit binden. Die Ente zerteilen, die Sauce getrennt zur Ente servieren.

Geröstete Ente mit Schnittlauch und Bambussprossen

Das brauchen Sie für 4 Portionen:

1 kleine oder 1/2 Ente (ca. 1,3 kg)
2 EL Öl
2 EL Sojasauce
2 TL Zucker
Salz nach Geschmack

100 g Bambussprossen, in Streifen geschnitten
300 g Schnittlauch, in 5 cm lange Röhren geschnitten

Und so wird's gemacht:

Das Fleisch und die Haut von den Knochen der Ente lösen. Auf ein Brett legen und mit einem scharfen Messer in sehr feine Streifen schneiden.

2 EL Öl in einer Pfanne erhitzen und die Entenfleischstreifen darin unter Rühren kräftig etwa 1 Min. anbraten. Die Sojasauce dazugießen und 1/2 Min. weiterbraten. 1 TL Zucker dazugeben, verrühren und das Fleisch herausnehmen.

Nun die Bambussprossen in dieses Öl geben, 1/2 Min. anbraten, die Schnittlauchröllchen dazugeben. 1 TL Zucker dazu, mit Salz abschmecken, das Entenfleisch zugeben, alles verrühren und einmal aufkochen. Sehr heiß servieren.

Entenragouts

Entenragout mit Trüffeln

Das brauchen Sie für 4 – 6 Personen:

1 Ente	Cayennepfeffer
50 g Butter	etwas Salz
6 EL Mehl	100 g frische Trüffeln (evtl. getrocknete)
1 Glas Portwein oder Madeira	

Und so wird's gemacht:

Die Ente innen und daußen salzen, im Backofen je nach Größe 2 – 3 Std. schmoren. Abkühlen lassen, das Fleisch vom Knochen lösen und würfeln. Die Entensauce entfetten. 1 l Wasser zugeben. Die Knochen mit der entfetteten Entensauce 20 Min. aufkochen, durch ein Sieb gießen. Die Butter in einer Pfanne erhitzen, das Mehl zugeben und kräftig braun anschwitzen, mit der Entenbrühe ablöschen und weitere 20 Min. kochen. Mit Madeira, Suppenwürze, Salz und Cayennepfeffer abschmecken. Die Trüffeln zugeben, weitere 5 Min. kochen, das Entenfleisch dazugeben, nochmals aufkochen und servieren.

Wildentenragout in Rosmarinsauce

Das brauchen Sie für 4 Portionen:

1 große oder 2 kleine Wildenten	**1 Bund frischer Rosmarin**
etwas Salz	**3 mittelgroße Zwiebeln**
200 g Crème fraîche	**500 g Champignons**
Pfeffer aus der Mühle	**3 EL Butter**

Und so wird's gemacht:

Die Ente waschen, trocknen und innen und außen salzen und pfeffern. In die Saftpfanne des Backofens legen und mit den Innereien 35 Min. bei 250° kräftig anbraten, herausnehmen und abkühlen lassen. Die Haut abziehen, das Fleisch ablösen, in Scheiben schneiden und beiseite stellen. Die Knochen zerhacken und in der Saftpfanne bei 250° ca. 25 Min. braunrösten. Das Fett abnehmen. Mit 1 l Wasser aufgießen, bis sich die Röststoffe von der Saftpfanne gelöst haben. Mit den Knochen in einen Topf geben und 45 Min. kochen lassen. Dann durch ein Sieb gießen. Den Fond nochmals einkochen lassen, dann die Crème fraîche zugeben und alles sehr cremig köcheln lassen. Würzen mit Salz, Pfeffer und Rosmarinnadeln. Die Zwiebeln in Längsstreifen schneiden, kleine Champignons ganz lassen, größere in Scheiben schneiden. Beides in der Butter kräftig braun braten. Das Fleisch zugeben. Beides mit der Sauce übergießen. Nochmals kurz erhitzen und servieren.

Entenragout mit Granatapfelkernen und Linsen

Das brauchen Sie für 4 Portionen:

200 g rote Linsen	**2 EL Öl**
etwas Salz	**2 TL Senf**
2 Entenbrüste (ca. 500 g)	**1 Prise Curry**
3 Zwiebeln	**1 Prise Zimt**
2 Limetten (evtl. Zitrone)	**2 Becher Joghurt (3,5 % Fett)**
1 reifer großer Granatapfel	**50 g Linsenkeime**

Und so wird's gemacht:

50 g Linsen über Nacht einweichen, am nächsten Tage lauwarm abspülen. Im Keimgerät oder in einer Glasschale 2 Tage keimen lassen, dabei 3- bis 4mal täglich lauwarm abspülen.

200 g rote Linsen abspülen, in 1/4 l Wasser geben, salzen und aufkochen. Zur Seite stellen und 30 Min. quellen lassen.

Die Entenbrust häuten, Fett entfernen und in Streifen schneiden. Die Zwiebeln fein hacken. Die Limetten dünn schälen, die Schale in Streifen schneiden. Den Granatapfel aufbrechen und die Kerne herauslösen.

Das Öl in einer Pfanne erhitzen. Darin zuerst die Zwiebeln glasig dünsten. Limettenschalenstreifen, Granatapfelkerne, Senf, Curry, Zimt und 2 EL Wasser dazugeben und etwas einkochen lassen. Darin die Entenbruststreifen bei starker Hitze kräftig ca. 4–5 Min. anbraten, mit Salz abschmecken. Die Linsen abtropfen lassen. Mit dem Entenbrustragout auf Tellern anrichten. Den Joghurt auf die Linsen geben, die Linsenkeime darüberstreuen. Sofort servieren.

Entenragout italienisch *(in Rosmarinsauce)*

Das brauchen Sie für 4 Portionen:

2 kg Entenklein	**125 g Zwiebeln**
Salz	**2 EL Butter**
2 EL Öl	**1 Becher Crème fraîche (200 g)**
Pfeffer aus der Mühle	**3 Zweige Rosmarin**
500 g Crème-Champignons	

Und so wird's gemacht:

Das Entenklein waschen, trocknen und von allen Seiten mit Salz und Pfeffer einreiben. Öl in einer Pfanne erhitzen und das Entenklein ca. 20 Min. braten. Herausnehmen, abkühlen lassen, das Fleisch ablösen und in Würfel schneiden. Zugedeckt beiseite stellen.
Die Knochen zerhacken, in der Pfanne nochmal 15 Min. kräftig anbraten. 1 l Wasser zugeben und die Röststoffe damit loskochen. Die Knochen weitere 45 Min. im offenen Topf kochen. Dann durch ein Sieb gießen, den Fond auffangen und auf 1/4 l einkochen. Die Crème fraîche zugeben, die Rosmarinnadeln hacken und zugeben, mit Salz und Pfeffer abschmekken und unter Rühren cremig kochen.
Die Butter erhitzen, die gehackten Zwiebeln und die in Scheiben geschnittenen Champignons darin ca. 10 Min. dünsten.
Nun das Entenfleisch zu den Zwiebeln geben, die Sauce darübergießen.
Das Ragout kurz erwärmen und servieren.

Entenbrust

Entenbrust in Granatapfelsauce

Das brauchen Sie für 4 Portionen:

2 große Entenbrustfilets	**1 Prise Piment**
2 EL Butter	**1 Bund frische Korianderblätter**
Salz	**(evtl. 1/2 TL Pulver)**
Pfeffer aus der Mühle	**1/2 ausgepreßte Zitrone**
4 Granatäpfel	

Und so wird's gemacht:

Die Entenbrustfilets waschen, trocknen und mit Salz und Pfeffer einreiben. Die Butter in einer Pfanne erhitzen und die Entenbrust ca. 15 Min. von beiden Seiten gut durchbraten.

Die Entenbrust aus der Pfanne nehmen, in Alufolie einwickeln und warm stellen. Drei Granatäpfel auspressen (mindestens 1/4 l Saft). Den Saft in die Pfanne geben und kräftig einkochen lassen.

Aus dem vierten Granatapfel die Kerne herauslösen und mit dem Fleischsaft aus der Folie zur Sauce geben. Mit Piment würzen, die feingehackten Korianderblättchen unterrühren, mit Zitronensaft abschmecken.

Die Entenbrust aufschneiden, die Sauce über die Scheiben geben und servieren.

Dazu paßt Reis.

Entenbrustfilets à l'Orange

Das brauchen Sie für 4 Portionen:

2 große Entenbrüste	250 g Schalotten
Salz	2 EL Öl
Pfeffer aus der Mühle	2 EL Butter
10 Wacholderbeeren	3 EL Schlagsahne
3 Blutorangen	60 g Puderzucker
fein abgeriebene Schale von	1 Becher Crème fraîche
2 Blutorangen	3 EL Sherry
Saft von 2 Blutorangen	1 Prise Zucker

Und so wird's gemacht:

Die Entenbrustfilets von Sehnen und Fett befreien. Salz, Pfeffer, Orangenschale und die Hälfte des Orangensaftes verrühren. Die Wacholderbeeren im Mörser zerstoßen und zugeben. Die Entenbrust damit einreiben, in ein schmales Gefäß legen und über Nacht in der Marinade durchziehen lassen.

Das Öl in einer Pfanne erhitzen und die Entenbrustfilets mit der Hautseite nach unten hineinlegen, goldbraun anbraten, dann die andere Seite anbraten. Mit 1/4 l Wasser ablöschen und bei milder Hitze in der zugedeckten Pfanne 25 Min. garen. Herausnehmen und warm stellen.

In einer separaten Pfanne den Puderzucker auflösen. Die Butter zugeben, die Sahne einrühren, die fein gehackten Schalotten zugeben und 10 Min. dünsten. Die 3 Blutorangen schälen, alle weißen Häutchen entfernen und quer in Scheiben schneiden.

Den Entenbratenfond mit dem restlichen Orangensaft, dem Sherry und der Crème fraîche ablöschen, mit Zucker, Salz und Pfeffer abschmecken. Die Schalotten zugeben, die Orangenschalen in die Sauce legen und alles kurz erhitzen. Getrennt zu dem in Scheiben geschnittenen Fleisch servieren.

Dazu paßt Weißbrot.

Entenbrust mit Stachelbeer-Chutney

Das brauchen Sie für 4 Portionen:

2 Entenbrüste (à ca. 300 g)	**100 ml Weißweinessig**
1 unbehandelte Orange	**1 kl. Zwiebel**
etwas Salz	**1 Messerspitze Ingwerpulver**
	1 Messerspitze Pfeffer aus der Mühle
Für das Chutney:	**1 Messerspitze Zimt**
400 g unreife Stachelbeeren	**150 g Zucker**

Und so wird's gemacht:

Die Entenbrüste waschen, trocknen und mit Salz einreiben. Die Haut rautenförmig einschneiden und in ein flaches Gefäß legen. Die Orange dünn schälen und auspressen. Den Saft über die Entenbrust geben, mit der Orangenschale abdecken und über Nacht stehen lassen.

Die Stachelbeeren waschen, abtropfen lassen und mit dem Essig 10 Min. bei milder Hitze kochen. Die Zwiebel fein würfeln und zugeben. Ingwer, Pfeffer, Zimt und Zucker zugeben und so lange kochen lassen, bis eine dickliche Masse entstanden ist. Dabei ständig umrühren, da das Chutney sofort am Topfboden klebt. Abkühlen lassen.

Am nächsten Tag die Entenbrüste aus dem Gefäß nehmen, trockentupfen und in einer trockenen Pfanne im heraustretenden Entenfett auf jeder Seite 10 Min. gar braten.

Die heiße in Scheiben geschnittene Entenbrust mit dem kalten Chutney sofort servieren.

Man kann die Entenbrust auch abkühlen lassen und kalt mit dem Chutney servieren. Damit sie nicht austrocknet, muß sie dann in Folie gewickelt werden.

Enten-Steaks

Das brauchen Sie für 4 Portionen:

4 Entenbrüste	**2 EL gehackte Schalotten**
Salz	**1 Glas Armagnac**
Pfeffer aus der Mühle	**1/2 Rotwein**
250 g Butter	

Und so wird's gemacht:

Die Entenbrüste von Fett und allen Sehnen befreien. Mit Salz und Pfeffer würzen.

100 g Butter in einem Brattopf erhitzen und die Brüste von beiden Seiten braten, darauf achten, daß sie nicht zu trocken werden. Herausnehmen und warmstellen.

In dem Topf die Schalotten rasch weich dünsten, mit dem Armagnac und dem Rotwein ablöschen und um die Hälfte einkochen. Die Sauce vom Feuer nehmen und 150 g Butter stichweise einrühren. Abschmecken. Die Sauce über die Brüste geben und servieren.

Dazu paßt Stangenweißbrot.

Tip: Mit den Schalotten Edelpilze (z. B. Morcheln oder Steinpilze) in dem Fett dünsten und in der Sauce lassen. Einen Hauch Knoblauch zufügen.

Entenkeulen

Gebratene Entenkeule mit Zitronenrotkohl und Kümmelkartoffeln

Das brauchen Sie für 4 Portionen:

4 mittlere Entenkeulen	**Für den Zitronenrotkohl:**
1 Bund Suppengrün	**1 Rotkohl**
10 Pfefferkörner	**50 g Entenschmalz**
2 Lorbeerblätter	**100 g Kandiszucker**
etwas Salz	**1/2 Zitrone in Scheiben**
750 g kleine Kartoffeln	**2 Lorbeerblätter**
1 EL Kümmel	**Salz**
	Pfeffer aus der Mühle
	1/8 l Zitronensaft

Und so wird's gemacht:

1 1/2 l Wasser mit dem Suppengrün, Pfefferkörnern, Lorbeerblättern und Salz aufkochen und die Entenkeulen hineingeben. Bei mittlerer Hitze ca. 1 1/2 Std. ziehen lassen. Über Nacht in der Brühe erkalten lassen.
Am nächsten Tag die Kartoffeln mit Schale kochen. In das Kochwasser den Kümmel geben. Von der Entensuppe das Fett abschöpfen, in einer Pfanne erhitzen, die Kartoffeln abpellen und darin rundherum knusprig anbraten. Die Entenkeulen aus der Brühe nehmen, mit Salzwasser einpinseln und im vorgeheizten Ofen bei großer Hitze von jeder Seite ca. 10 Min. bräunen. Auf die Kartoffeln legen und mit dem Rotkohl servieren.

Den Kohlkopf putzen, den Strunk entfernen und in Streifen schneiden. Das Entenschmalz (evtl. Schweineschmalz) in einem Topf erhitzen und den Rotkohl darin andünsten. Zitronensaft zugießen. Kandiszucker, Zitronenscheiben, Lorbeerblätter und Pfeffer zugeben. Alles zugedeckt 45 Min. garen. Mit Salz und Pfeffer abschmecken.

Entengrammerl-Taschen mit Spinat

Das brauchen Sie für 4 Portionen:

2 Entenkeulen	**1 Schalotte**
250 g mehligkochende Kartoffeln	**1 Knoblauchzehe**
3 Eigelb	**1 Bund frische Provence-Kräuter**
100 g Butter	**500 g Spinat**
80 g Mehl	**1 EL Öl**
30 g Hartweizengrieß	**80 g durchwachsener Speck**
Salz	**1 EL Essig**
Pfeffer aus der Mühle	**1 Prise Zucker**

Und so wird's gemacht:

Die Kartoffeln mit der Schale kochen, abpellen und abkühlen lassen. Durch die Kartoffelpresse drücken und mit 2 Eigelb, 30 g Butter, dem Mehl und dem Hartweizengrieß vermischen, salzen, pfeffern und zu einem glatten Teig verkneten. 1 Std. ruhen lassen.

Erst die Haut von den Entenkeulen lösen, anschließend das Fleisch vom Knochen. Beides getrennt fein würfeln. Schalotten und Knoblauch ebenfalls fein würfeln. Die Kräuter von den Stielen zupfen und fein hacken.

30 g Butter in einer Pfanne erhitzen und nacheinander die Entenhaut, das Fleisch, Zwiebel und Knoblauch darin kräftig anrösten. Die gehackten Kräuter (1 EL zurückbehalten) zugeben, salzen und pfeffern.

Den Teig ausrollen und Teigplätzchen ausstechen. Die Teigreste verkneten und immer wieder neu ausrollen. Es sollen ca. 15 Plätzchen mit etwa 9 cm Durchmesser werden. Die Fleischmischung auf die Teigplätzchen verteilen. Die Teigränder mit dem letzten verquirlten Eigelb bestreichen, zusammenklappen und fest andrücken. Die nun entstandenen Teigtaschen in kochendem Salzwasser 10 Min. gar ziehen lassen. Den Spinat waschen und grob zerkleinern. 1 EL Öl in einem Topf erhitzen. Den durchwachsenen Speck würfeln und in dem Öl knusprig ausbraten. Den gut abgetropften Spinat zugeben, unter Wenden 5 Min. dünsten. Mit Essig, Salz, Pfeffer und 1 Prise Zucker abschmecken.

Die restliche Butter zerlassen, die zurückbehaltenen Kräuter hineingeben und aufschäumen lassen.

Die Teigtaschen aus dem Kochwasser nehmen, abtropfen lassen und mit dem Spinat auf Tellern anrichten. Mit der Kräuterbutter übergießen und sofort servieren.

Gepökelte Entenkeulen mit Steckrüben

Das brauchen Sie für 4 Portionen:

4 nicht zu kleine Entenkeulen	**60 g Entenschmalz**
200 g Salz	**1/4 l Wasser**
10 g Zucker	**12 Pfefferkörner**
Salpeter	**1 EL gehackte Petersilie**
60 g Zucker	**1 kg Steckrüben**

Und so wird's gemacht:

Man schneidet die Entenkeulen leicht am Knochen ein und reibt das Fleisch und die Haut mit einer Mischung aus Salz, Zucker und Salpeter ein. Anschießend die Keulen in einen Steintopf legen und mit einer Folie verschließen. Zweimal täglich die Keulen wenden und 5 Tage pökeln lassen. Danach herausnehmen, kurz abwaschen und gut abtrocknen.
Die Steckrüben waschen, schälen, in zweifingerdicke Scheiben schneiden und dann in Würfel. Den Zucker in einem Schmortopf hellgelb karamelisieren lassen, vom Herd nehmen und mit dem Entenschmalz verrühren. Mit dem Wasser aufkochen lassen und die Steckrübenwürfel hinzugeben. Die Entenkeulen auf die Steckrüben legen, mit Pfefferkörnern bestreuen und zugedeckt bei schwacher Hitze in einer knappen Stunde gar kochen. Mit gehackter Petersilie bestreuen und servieren.

Trientiner Entenkeulen

Das brauchen Sie für 4 Portionen:

4 Entenkeulen	**1/8 l Marsala**
1 Möhre	**2 EL Öl**
1 Stange Staudensellerie	Außerdem:
100 g Zwiebeln	**Salz**
5 Pimentkörner	**Pfeffer aus der Mühle**
3 Gewürznelken	**250 g Schalotten**
1 Chilischote	**250 g Zwetschgen**
1 TL schwarze Pfefferkörner	**350 g säuerliche Äpfel**
1/4 l Rotweinessig	**2 EL brauner Zucker**

Und so wird's gemacht:

Das Fett von den Keulen schneiden, mit einem Messer mehrmals ein-
ritzen. Die Möhre und den Staudensellerie würfeln. Die Zwiebel vierteln.
Pimentkörner, Nelken, Chili und Pfefferkörner im Mörser zerstoßen.
Alles mit dem Rotweinessig, 1/2 l Wasser und dem Marsala vermischen.
Die Entenkeulen hineingeben und mindestens 12 Std. darin marinieren.
Die Keulen aus der Marinade nehmen, abtrocknen und mit Salz und
Pfeffer einreiben. Das Öl in einem Bräter erhitzen, die Entenkeulen von
beiden Seiten kräftig anbraten.
Die Marinade durch ein Sieb gießen und auffangen. Die Gewürze, das
Gemüse aus dem Sieb und die Hälfte der Marinade zu den Keulen ge-
ben. Den Bräter ohne Deckel in den vorgeheizten Ofen schieben und bei
200˚ ca. 1 Std. garen. Zwischendurch einmal wenden und ab und zu mit
dem Bratenfond begießen. Die Schalotten in Wasser 5 Min. vorgaren. Die
Zwetschgen entsteinen und vierteln. Die Äpfel schälen, entkernen und in
Spalten schneiden.
Die Keulen aus dem Bräter nehmen, 2 EL Fett abschöpfen, den Rest mit
etwas Wasser loskochen. Die Keulen mit den Schalotten und dem Obst
wieder hineingeben und alles nochmals ca. 20 Min. garen.
Inzwischen den Zucker karamelisieren, die 2 EL Fett zugeben, mit 1/8 l
Beize und etwas Fond aufgießen. Die Sauce etwas einkochen lassen, mit
Salz abschmecken und über die Keulen gießen.

Überbackene Linsen mit Entenfleisch

Das brauchen Sie für 4 Portionen:

2 Entenkeulen	250 g Cabanossi
Salz	2 Lorbeerblätter
Pfeffer aus der Mühle	1/8 l Rotwein
3 EL Butter	6 EL Rotweinessig
250 g Zwiebeln	1 EL Zucker
375 g getrocknete Linsen	8 EL Semmelbrösel

Und so wird's gemacht:

Die Entenkeulen waschen und trocknen und rundherum mit Salz und Pfeffer einreiben. Das Fett zum Ausbraten stehenlassen. In einem flachen Bräter die Butter erhitzen und die Keulen darin kräftig von allen Seiten braun anbraten. 3 EL Fett abnehmen und auf die Seite stellen.
Die Zwiebeln pellen und würfeln, mit den Linsen und den Lorbeerblättern zu den Keulen geben. Kurz anbraten, dann mit 1 l Wasser aufgießen und zugedeckt bei milder Hitze etwa 1 1/2 Std. weichkochen lassen.
Die Keulen herausnehmen, das Fleisch ablösen und würfeln. Die Cabanossi in Scheiben schneiden und beides wieder zu den Linsen geben. Mit Salz, Pfeffer, Rotwein, Rotweinessig und Zucker abschmecken.
Das zurückbehaltene Entenfett in einer anderen Pfanne schmelzen lassen und mit den Semmelbröseln verrühren. Die Semmelbrösel über die Enten-Linsen-Pfanne streichen und bei 200° im vorgeheizten Backofen 30 Min. goldbraun überbacken.

Dazu paßt Baguette.

Ich bin zwar als Einzelkind aufgewachsen, aber ein verwöhnter Bub war ich deshalb nicht. Meine Eltern waren nicht reich, dafür schenkten sie mir Liebe und Geborgenheit. Und Mutter sorgte immer dafür, daß ich Freunde zum Spielen hatte, zum Beispiel meine Cousine Brigitte (links Mitte). Nach der Schule ging ich zur Hotelfachschule und absolvierte eine Lehre als Koch. Meine erste große Aufgabe war die Erstellung eines kalten Buffets (oben).

Als meine Eltern ihre Silberhochzeit feierten, übernahm ich selbstverständlich die Zubereitung des Festmenüs (links). Das hat sie damals genauso stolz und glücklich gemacht, wie sie es heute sind, wenn ich in der „Volkstümlichen Hitparade" den ersten Platz mache. Trotzdem haben sich die Zeiten geändert. Für gemeinsame Ausflüge in die nahen Berge (oben) haben wir leider nur noch selten Zeit.

*Früher bin ich oft mit meiner Mutter in die Stadt gegangen. Wir haben uns an
den Schaufenstern die Nasen plattgedrückt und anschließend am Viktualien-
markt einen Kaffee getrunken. Nach der Arbeit habe ich mich oft ans Klavier
gesetzt (unten) und meine Lieblingssongs gespielt, oder ich habe mich beim
Malen entspannt. Im Winter ging es an den Wochenenden zum Skifahren in
die Berge.*

Kinder, wie die Zeit vergeht! Ich kann mich noch gut erinnern, wie ich als Schulbub überglücklich mit Luftballons und Brezen auf dem Münchner Oktoberfest herumgelaufen bin. Heute werde ich dort mit genau diesen Utensilien für Pressefotos abgelichtet, und Chorkinder, ungefähr so alt, wie ich damals war, begleiten mich bei meinen Fernsehauftritten (unten). Meine Träume sind Wirklichkeit geworden.

Meine große Liebe gilt neben der Musik den Tieren und der Natur. Wenn ich mal von Auftritten und Terminen allzu gestreßt bin, muß ich mir einfach ein Stündchen Zeit nehmen und über eine Wiese, durch einen Wald oder an einem See entlangspazieren. Da erhole ich mich total. Am liebsten ist mir, wenn mich dabei die „Biene" begleitet (oben).

*Meine Freundin Doris aus Zürich teilt meine Liebe zu den Bergen. Leider
können wir nur wenig Zeit miteinander verbringen. Aber wenn es sich ergibt,
fahren wir beide nach Ellmau, um dort im „Wilden Kaiser" herumzuwandern.
Gemeinsam mit dem Bergführer Rudi Schonner haben wir uns auch schon mal
an kleine Klettertouren mit Seil und Haken herangewagt. Ein tolles Erlebnis!*

Nach meiner Lehrzeit als Koch war ich zuerst im „Bayerischen Hof" beschäftigt, später im Casino einer Münchner Versicherungsgesellschaft. Auch heute noch koche ich wahnsinnig gern und kaufe vorher auf dem Markt die passenden Zutaten ein. Natürlich gehört zu einem gemütlichen Essen auch ein guter Wein.

Jeden Tag bekomme ich unzählige liebe Briefe von Fans. Autogrammwünsche, Sympathie- oder auch Liebeserklärungen und immer wieder in noch unsicherer Handschrift Schreiben von Kindern, in denen sie mir von ihren kleinen und großen Sorgen berichten. Sie spüren offenbar, daß ich ein Kinderfreund bin und mich unheimlich gern mit den Kleinen beschäftige.
Großen Spaß macht es deshalb auch immer wieder, mit den Kindern zu backen oder zu kochen. Da fliegen dann zwar auch mal die Spaghetti über den Tisch, aber wer wird denn alles so bierernst sehen?

Eine sehr liebe Kollegin von mir, mit der ich auch schon häufig gemeinsam vor der Kamera gestanden habe, ist Ramona Leiß. Sie kommt, wie ich, aus München. Wenn es unser beider Zeit zuläßt, verabreden wir uns zu einem Koch- und Klön-Abend, für den wir natürlich auch zusammen einkaufen. Bei der Gelegenheit haben wir auch schon viele der Rezepte aus diesem Buch ausprobiert (links). Zu kurzfristigen Treffen im Winter bereite ich gern heiße Maroni zu. Dabei versuche ich, sie so gut hinzubekommen wie die Maroni-Bäcker in Bozen (oben).

Manchmal staune ich selbst, was ich in den letzten Jahren alles erlebt habe. Dann schaue ich mir die Bilder an, die meinen Erfolg dokumentieren. Die Preisverleihung beim „Grand Prix der Volksmusik" 1989, als ich hinter dem 13jährigen Trompeter Stefan Mross den 2. Platz belegte (rechts oben), meine erste „Goldene Schallplatte" 1990 (oben) und ein Foto mit den Menschen, denen ich meine Hits verdanke: Komponist und Produzent Jean Frankfurter und Texterin Irma Holder.

Es träumt wohl jeder
Künstler davon, mal eine
eigene Fernsehshow präsen-
tieren zu dürfen. Für mich
wurde dieser Traum im
vergangenen Jahr Wirklichkeit. Das ZDF produzierte
mit mir die Sendung
„Patrick Lindner persönlich",
der inzwischen noch drei
weitere unter dem Titel „So
ein Tag mit guten Freunden"
folgten.

Besonders gern denke ich an
einen urkomischen Sketch
mit Elisabeth Volkmann
(oben) und das Duett mit
Angelika Milster (rechts)
zurück. Wunderschöne
Erinnerungen hängen aber
auch mit den „Musikanten-
stadl"-Tourneen und
Karl Moik zusammen
(rechte Seite).

Eine liebe Kollegin, die viele meiner großen Erfolge begleitet hat, ist Carolin Reiber (oben). Von ihr habe ich Professionalität vor der Kamera lernen können. Das kommt mir in meinen eigenen Shows heute zugute. Rechts unten: in der „Maske".

FERNSEHSTUDIO MÜNCHEN

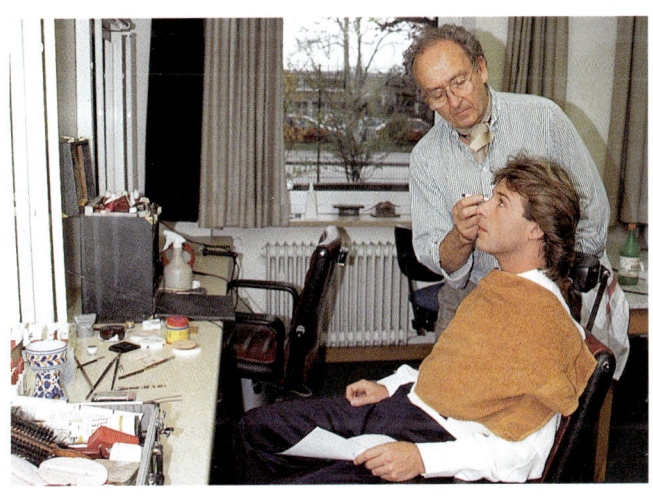

GARDEROBE/
WARDROBE

PATRICK
LINDNE

Das Gefühl, als Sänger auf einer Bühne zu stehen und vom Applaus des Publikums getragen zu werden, ist mit nichts auf der Welt zu vergleichen. Sicher, mit einer Fernsehsendung erreicht man Millionen Menschen. Aber für mich hat eine Bühne den größeren Reiz, weil ich meinen Fans dort in die Augen schauen kann. Und das, was ich dort sehe, beflügelt mich. Für mich ist der Kontakt zum Publikum ungemein wichtig. Deshalb nehme ich mir auch nach den Auftritten viel Zeit, um allen Autogramme zu geben und mit möglichst vielen Menschen ein paar Worte zu wechseln. Erst danach kommt die Müdigkeit, und ich falle meist völlig k. o. ins Bett (rechts).
Mein beeindruckendstes Bühnenerlebnis hatte ich in Berlin während einer Tournee. Mehr als 10 000 Menschen jubelten mir in der „Waldbühne" zu und überschütteten mich mit Blumen (Foto übernächste Seite). Das werde ich im Leben nicht vergessen.

Seit sich mit der „Kloanen Tür zum Paradies" für mich das große Tor zum Erfolg öffnete, hat sich mein Leben völlig verändert. Anstelle des Kochlöffels schwinge ich das Mikrofon und genieße aus vollem Herzen die Zuneigung meiner Fans, die mich mit Blumen, Geschenken und sogar Tanzvorführungen (links) verwöhnen. Meine beiden Fanclub-Leiterinnen Desirée und Eva (links oben) helfen mir, alle Autogrammwünsche zu befriedigen. Sie unterstützen mich auch, wenn ich eine Aktion für die Kinderkrebsklinik, ein Altenheim oder einen anderen guten Zweck organisiere.

Meine besten
Lamm-Rezepte

Tips zum Umgang mit Lamm

Lamm, so fein wie Wild

Lange Zeit war Hammel- und Schaffleisch in Deutschland verpönt; es gelangten nur
Tiere in den Kochtopf, die als Milch- und Wollieferanten nicht mehr zu gebrauchen
waren. Entsprechend tranig und hammelig hat auch alles aus Hammel und Schaf
geschmeckt.
Mit dem allmählichen Einzug der Mittelmeerküche in unsere Speisekarten hat sich
das gründlich geändert. Mittlerweile gibt es die köstlichsten heimischen Rezepte,
und Schafe und Hammel werden zum Teil nur des Fleisches wegen gehalten.

Hammel, Schaf, Lamm – keines schmeckt wie das andere

Unter Hammelfleisch versteht man das Fleisch von kastrierten männlichen Scha-
fen, die mindestens ein Jahr und älter sind, Schaffleisch ist das von weiblichen
älteren Tieren. Das Fleisch ist fest, dunkelrot, das Fett gelblich weiß. Dieses
Fleisch muß gut abgehangen sein, dann ist es zart. Es hat einen sehr intensiven
Schafgeschmack.
Lammfleisch ist das Fleisch von weiblichen und männlichen Tieren, die nicht
älter als ein Jahr sind. Es ist hellrot, das Fett weiß, und es ist sehr schnell gar.
Das zarteste Fleisch stammt von Milchmastlämmern, die sich hauptsächlich von
Milch ernährt haben. Es ist lachsfarben und hat kaum Fett. Es ist zarter als Kalbfleisch und zergeht auf der Zunge. Fleisch von Milchlämmern hat den mildesten
Geschmack. Traditionsgemäß kommt das Milchmastlamm am häufigsten zu Ostern
auf den Tisch. Aber seit Lammfleisch bei uns immer beliebter wird, kann man das
ganze Jahr über Milchmastlämmer kaufen.
Ansonsten gibt es noch Geschmacksunterschiede, die regional oder sortentypisch
bedingt sind. So schmeckt zum Beispiel das Fleisch von Lämmern, die auf Deich-
wiesen gegrast haben, völlig anders als Heide-Schaffleisch oder Alp-Lammfleisch,
das der Heidschnucke anders als das vom Schwarzkopfschaf. Gut ist jedes. Und
köstlich und gesund ist heimisches Lammfleisch in jedem Fall. Die intensive
Massentierproduktion hat glücklicherweise noch keinen Einzug in deutsche Schaf-
ställe gehalten.

So wählen Sie das passende Stück Fleisch

Hammelkeulen werden vorwiegend zum Braten verwendet. Die dünne äußere Fettschicht bleibt dran.

Die *Schulter* läßt sich ebenso gut braten, jedoch ist sie wesentlich kleiner. Man entfernt die äußere Fettschicht. Aus der Schulter schneidet man auch mageres Ragout oder Gulasch.

Aus dem *Rücken* werden Koteletts gehackt. Lammkoteletts sind oft sehr klein, deshalb läßt man den Rücken häufig in einem Stück und hackt zwei aneinander hängende Koteletts daraus.

Der ausgelöste Rücken, der *Lachs,* ergibt schöne Scheiben oder Steaks zum Kurzbraten.

Das ausgelöste *Bruststück* nimmt man für Rollbraten.

Die *Brust mit Knochen* kann man als Rippchen braten oder wegen seines herzhaften Geschmacks zum Mitkochen in Suppen und Eintöpfen verwenden.

Hals und *Nacken* sind die besten Stücke für Ragout oder Gulasch. Das Fleisch ist von feinen Fettfasern durchzogen, die beim Braten oder Kochen verschwinden, aber das Fleisch besonders schmackhaft machen.

Hals, Nacken, Brust oder *Bauch* nimmt man für Lammhack.

Sprechen Sie mit Ihrem Metzgermeister

Überreden Sie Ihren Metzger, aus Lammhack frische kleine Bratwürstchen zu machen. Würzen mit Salz, Pfeffer, Knoblauch, Kümmel, Thymian, Muskatblüte. Man kann etwas Rinderhack zufügen. Eine ganz große Köstlichkeit!

Lassen Sie von Ihrem Metzger aus einer Lammkeule einen Kochschinken (wie vom Schwein) herstellen. Er schmeckt einmalig gut!

Ihr erstes Stück Lammfleisch sollte auf jeden Fall ein frisches aus Ihrer Region sein. Der tolle Geschmack rechtfertigt die Mehrkosten.

123

Suppen

Lammsuppe mit grünen Brechbohnen

Das brauchen Sie für 8 Portionen:

1 kg Lammnacken (mit Knochen)	1 Bund frischer Majoran
1 Bund Suppengrün	1 Bund Petersilie
Salz	2 Zweige Bohnenkraut
Pfeffer aus der Mühle	1 EL Pfefferkörner
4 EL Öl	2 EL Paprika edelsüß
30 g Schmalz	1 Prise Paprika scharf
500 g frische grüne Bohnen	100 g saure Sahne
500 g Kartoffeln	2 EL Mehl
500 g Fleischtomaten	2 Lorbeerblätter
500 g Zwiebeln	

Und so wird's gemacht:

Das Öl in einer Pfanne erhitzen, den Lammnacken salzen und pfeffern und darin kräftig rundherum anbraten. Das Suppengrün putzen und grob würfeln und kurz mitrösten. Lorbeerblätter, Pfefferkörner und den Majoran zugeben, mit etwa 2 l Wasser aufgießen. Bei mäßiger Hitze ca. 1 1/2 Std. kochen. Anschließend das Fleisch herausnehmen, vom Knochen lösen, in Würfel schneiden, die Brühe durch ein Sieb gießen.
Das Schmalz in einer Pfanne erhitzen, die Zwiebeln würfeln und darin glasig dünsten. Vom Herd nehmen, Paprikapulver einrühren und mit 2 EL Brühe ablöschen. Jetzt die Kartoffeln würfeln, die Bohnen brechen und beides dazugeben. Kurz andünsten und mit der restlichen Brühe aufgießen. Etwa 20 Min. kochen lassen, bis die Kartoffeln und Bohnen weich sind.
Die Tomaten schälen, in Würfel schneiden und mit dem Fleisch in die Suppe geben. 10 Min. durchkochen. 2 EL Mehl mit der sauren Sahne verquirlen, die Suppe damit binden, mit Salz, Pfeffer, scharfem Paprika und Bohnenkraut abschmecken.
Die Petersilie fein hacken und vor dem Servieren drüberstreuen.

Tip: Wer es lieber mager mag, kann auch Lammkeule oder Schulter nehmen. In Suppen oder Eintöpfen schmeckt der etwas durchwachsene Nacken jedoch immer besonders gut.

Lammsuppe mit Linsen und Möhren

Das brauchen Sie für 8 Portionen:

1 kg Lammschulter mit Knochen	**500 g getrocknete Linsen**
1 Bund Suppengrün	**500 g Möhren**
3 EL Butterschmalz	**2 EL gekörnte Fleischbrühe**
3 Lorbeerblätter	**Salz**
1 EL Pfefferkörner	**Pfeffer aus der Mühle**
2 Bund Petersilie	**1/4 l Rotwein**
1 Bund Rosmarin	

Und so wird's gemacht:

Das Butterschmalz in einem Schmortopf erhitzen und die Lammschulter darin von allen Seiten braun anbraten. Suppengrün grob zerteilen und mit den Pfefferkörnern, Lorbeerblättern, 1 Bund Petersilie, unzerteilt, und das Bund Rosmarin, unzerteilt, dazugeben, kurz durchrösten und mit 3 – 4 l Wasser aufgießen. Bei milder Hitze im offenen Topf etwa 90 Min. kochen lassen. Das Fleisch herausnehmen, abkühlen lassen. Die Brühe durch ein Sieb gießen und wieder in den Topf geben. Die Linsen hineingeben und mindestens 1 Std. weichkochen. Die Möhren in Scheiben schneiden und zu den Linsen geben, 15 Min. mitkochen.
Das Fleisch von den Knochen lösen, dazugeben. Mit gekörnter Brühe, Salz, Pfeffer und Rotwein abschmecken. Einmal aufkochen lassen.
Das zweite Bund Petersilie fein hacken und drüberstreuen. Servieren.

Dazu paßt Weißbrot.

Afghanische Lammsuppe

Das brauchen Sie für 6-8 Portionen:

1 kg Lammnacken, gewürfelt	**1 Lorbeerblatt**
4 EL Öl	**1 TL Kurkuma**
2 EL Mehl	**1/2 TL Ingwer**
400 g Möhren, gewürfelt	**1/2 TL Paprika scharf**
200 g Zwiebeln, feingehackt	**1 EL Sojasauce**
80 g Erdnüsse, feingehackt	**1 Becher Joghurt**
2 l Fleischbrühe	**1 Knoblauchzehe, gepreßt**
200 g Kichererbsen (aus der Dose)	**1/2 TL Koriander gemahlen**

Und so wird's gemacht:

4 EL Öl in einem großen Topf erhitzen, das Fleisch darin kräftig anbraten, das Mehl darüberstäuben und kurz mitbraten. Möhren, Zwiebeln, Erdnüsse zugeben und ebenfalls kurz und kräftig anbraten. Nun mit der Fleischbrühe aufgießen. Ca. 50 Min. kochen lassen. 1 Dose Kichererbsen abgießen, zugeben. Mit Lorbeer, Kurkuma, Ingwer, Paprika und Sojasauce kräftig würzen und 5 Min. weiterkochen. Servieren.
Um dem Gericht etwas die Schärfe zu nehmen, serviert man dazu Joghurt, mit der Knoblauchzehe und dem Koriander verrührt, und Fladenbrot.

Lammsuppe aus Apulien mit Paprika und Tomaten

Das brauchen Sie für 8 Portionen

1,2 kg Lammfleisch, gewürfelt (aus dem Nacken)	**2 EL Thymian, gerebelt**
30 g Butterschmalz	**1/2 l Rotwein**
etwas Salz	**1 l Fleischbrühe**
Pfeffer aus der Mühle	**350 g grüne Paprikaschoten**
1 Knoblauchzehe	**350 g Zwiebeln**
3 Lorbeerblätter	**250 g Tomaten**
1 EL Rosmarin, gerebelt	**2 EL Tomatenmark**

Und so wird's gemacht:

Das Butterschmalz in einem Schmortopf erhitzen, die Lammfleischwürfel kräftig pfeffern und in dem heißen Schmalz kräftig anbraten, bis sie schön braun sind. Die Knoblauchzehe im Salz zerdrücken, mit den anderen Gewürzen zum Fleisch geben und mit Rotwein und Brühe aufgießen. Den Topf schließen und 1/2 Std. zugedeckt bei mittlerer Hitze schmoren.
Die Paprikaschoten und die Zwiebeln würfeln und zum Fleisch geben. 1/2 Std. weiterschmoren.
Die Tomaten abziehen, achteln, zum Fleisch geben und weitere 10 Min. schmoren.
2 EL Tomatenmark unterrühren und nochmals abschmecken. Servieren.

Dazu passen Brot oder Reis und ein knackiger Salat.

Tips: Man nimmt 1 Zweig Rosmarin und 3 Zweige Thymian, hängt sie in den Topf und entfernt sie mit den Lorbeerblättern vor dem Servieren. Frische Kräuter bringen den Eigengeschmack des Fleisches besser zur Geltung.
Man nimmt kleine Tomaten und gibt sie unzerteilt in den Topf, das sieht besonders appetitlich aus.

Vorspeisen

Lammschinken in Honigkruste

Das brauchen Sie für 8 Personen:

1 gepökelter Lammschinken
(ca. 2,5 kg Keule)
1/2 l trockener Weißwein (oder Rosé)
1–2 getrocknete Feigen
5 Gewürznelken
10 schwarze Pfefferkörner
2 Lorbeerblätter

1 EL Senf
50 g Heidehonig
1 Messerspitze gemahlene Nelken
1 Bund Frühlingszwiebeln
1/8 l Roséwein
5 frische Feigen (zum Garnieren)

Und so wird's gemacht:

Den Weißwein mit 1 l Wasser, Feigen, Nelken, Pfefferkörnern und Lorbeerblättern aufkochen. Den Schinken hineingeben, einmal aufkochen lassen,
die Hitze reduzieren und 2 Std. leise sieden lassen. Dabei zwischendurch
wenden und abschäumen.
Senf, Honig und Nelkenpulver zu einer Paste verrühren, den Ofen vorheizen auf 225°.
Das Fleisch aus dem Topf nehmen, gut abtrocknen, auf die Saftpfanne
legen und in den Ofen schieben. Sobald sich die Haut bräunt, den Schinken von allen Seiten mit der Honigpaste bestreichen. Etwa 20 Min. braten,
bis die Kruste rundherum schön knusprig ist. Dabei ständig mit dem her-
unterlaufenden Honiggemisch bestreichen. Den Braten herausnehmen,
warm stellen.
Die Frühlingszwiebeln putzen, in 1 cm lange Stücke schneiden. Den Bratensatz mit 1/8 l Rosé ablöschen. Die Frühlingszwiebeln hineinlegen, den
Sud etwas einkochen, über den Lammschinken gießen und servieren.
Mit frischen Feigen garnieren.

Lamm-Rilettes

Das brauchen Sie für 8 Portionen als Brotaufstrich:

1 kg Lammschulter	**1 TL Pfefferkörner**
500 g Schmalz (gutes Apfel-Grieben-	**1 EL Korianderkörner**
schmalz)	**Salz**
1 TL Pimentkörner	**2 EL weißer Portwein**

Und so wird's gemacht:

Das Lammfleisch vom Knochen lösen und in Würfel schneiden. Das Schmalz zerlassen und die Fleischwürfel, die Gewürze und den Knochen hineingeben, 2 EL Portwein zugeben und alles bei geringer Hitze im geschlossenen Topf 2 Std. gar ziehen lassen. Das Fleisch mit einer Schaumkelle herausnehmen. Es muß so weich sein, daß man es mit zwei Gabeln leicht zerzupfen kann. Das feingezupfte Fleisch in eine Schüssel drücken. Das Schmalz durch ein Sieb darüber gießen. Erstarren lassen.

Dazu passen kräftiges Landbrot oder dunkles Vollkornbrot und ein kühles Bier.

Tip: Statt Apfelgriebenschmalz kann man Gänseschmalz verwenden.

Kalte Lammkeule mit verschiedenen Saucen

Das brauchen Sie für 8 Portionen:

1 Lammkeule, ca. 2,5–3 kg	**1 Bund Korianderblätter**
2 Bund Suppengrün	**1 EL Pfefferkörner**
2 Bund Estragon	**2 EL Weißweinessig**
Salz	**1 unbehandelte Zitrone**
Pfeffer aus der Mühle	

Und so wird's gemacht:

Den Knochen aus der Keule entfernen, die Keule waschen und trocknen und innen und außen salzen und pfeffern. Mit Küchengarn sehr fest zusammenbinden.

Ca. 4 l Wasser aufkochen, das grob zerteilte Suppengrün, Estragon, Koriander, Pfefferkörner und Essig und die Keule hineingeben. Alles bei mittlerer Hitze 3 Std. kochen. Im Sud erkalten lassen, dann das Fleisch herausnehmen. Den Sud entfetten und durch das Sieb gießen. Das Küchengarn lösen.

Sämtliches Fett und die Hautschicht von der Keule entfernen, das Fleisch in Scheiben schneiden, auf einem flachen Teller anrichten, mit etwas Sud übergießen, die Zitrone in Scheiben schneiden und darauf legen.

Rohe Tomatensauce (4 Portionen)

1 kg reife Fleischtomaten	**Salz**
1 Knoblauchzehe	**Pfeffer aus der Mühle**
1 Bund Basilikum	

Die Tomaten ohne den Stielansatz sehr fein würfeln, das Basilikum fein hacken, den Knoblauch durch die Presse drücken, alles salzen und pfeffern und sehr gut vermischen. Servieren.

Pfeffersauce *(4 Portionen)*

80 g Knochenmark	Salz
2 EL Paniermehl	1–2 EL schwarzer frisch gemahlener
1/4 l Fleischbrühe	Pfeffer aus der Mühle

Eine Pfanne erhitzen, das Knochenmark darin auflösen, das Paniermehl zugeben und unter Rühren leicht anrösten. Mit der heißen Fleischbrühe ablöschen, salzen und pfeffern. Aufkochen und heiß servieren.

Knoblauchsauce *(4 Portionen)*

1 altbackenes Brötchen	2 Bund Basilikum
1 EL Essig	10 cl Olivenöl
2 Knoblauchzehen	Salz
2 Bund glatte Petersilie	Pfeffer aus der Mühle

Die Haut des Brötchens mit dem Essig einreiben bis sie weich ist, jetzt das Brötchen würfeln. Den Knoblauch pressen, Petersilie und Basilikum fein hacken. Alles zusammen in einen Mörser geben und zerstoßen, so daß ein Brei entsteht. Das Öl nach und nach unterrühren, mit Salz und Pfeffer abschmecken.

Tip: Mit dem Pürierstab des Mixers zerkleinern.

Grüne Mandelsauce *(4 Portionen)*

125 g frischer Spinat	2 EL Zitronensaft
80 g abgezogene Mandeln (fein-gemahlen)	1/8 l Olivenöl
	Salz
3 Bund Basilikum	Pfeffer aus der Mühle

Den Spinat 3 Min. blanchieren, gut abtropfen und abkühlen lassen. Mit dem Basilikum pürieren. Den Zitronensaft zugeben, nach und nach das Öl zugeben. Die Mandeln unterziehen, mit Salz und Pfeffer abschmecken, servieren.

Lamm-Sülze

Das brauchen Sie für 8 Portionen:

2 kg Lammfleisch aus der Keule (ohne Knochen)
Salz
Pfeffer aus der Mühle
2 zerdrückte Knoblauchzehen
2 Bund Thymian
1 Bund Salbei
1/2 l Rotwein

4 Zwiebeln
6 Lorbeerblätter
2 Wacholderbeeren
2 EL Öl
12 Blatt Gelatine (weiß)
90 cl Rotwein
10 cl Madeira
etwas Fleischextrakt zum Würzen

Und so wird's gemacht:

Das Fleisch möglichst dünn aufschneiden, nebeneinanderlegen. Mit gemahlenem Pfeffer bestreuen, mit dem zerdrückten Knoblauch einreiben, die Thymianblättchen abzupfen und drüberstreuen. Auf jedes Fleischstück ein Salbeiblättchen legen. Die Fleischstücke aufrollen und nebeneinander in ein schmales Gefäß schichten. Die Zwiebeln grob zerteilen und mit den Lorbeerblättern und den Wacholderbeeren dazugeben. Mit 1/2 l Rotwein übergießen und 2 Tage in dieser Beize lassen. Herausnehmen und abtropfen lassen. Etwas salzen.
Öl in einem Bräter erhitzen und das Fleisch darin gut anbraten. Die Beize zugießen und zugedeckt ca. 2 Std. schmoren lassen. Abkühlen lassen und entfetten. Durch ein Sieb gießen. Nun das Fleisch in die Sülzen-Form legen, die Lorbeerblätter zur Verzierung drauflegen. Die Gelatine in kaltem Wasser einweichen, abtropfen lassen. Etwas Rotwein erhitzen, die Gelatine darin auflösen. Restlichen Rotwein, den Madeira und den übriggebliebenen Sud dazugießen. Mit Fleischextrakt und evtl. Salz abschmecken. Verrühren und über das Fleisch gießen. Über Nacht im Kühlschrank erstarren lassen.

Lamm-Schinken in Wacholdersahne

Das brauchen Sie für 10 Portionen:

1 Lammschinken, ca 2,5 kg, gepökelt	4 Schalotten
und leicht geräuchert	3 Wacholderbeeren
3 Lorbeerblätter	50 g Butter
1 TL Pimentkörner	40 g Mehl
1 TL Wacholderbeeren	1/8 l Rinderbrühe
3 Zweige Thymian	8 EL Weißwein
3 Zweige Rosmarin	1/4 l süße Sahne
1 EL Pfefferkörner	20 g Butter
Für die Wacholdersahne:	Salz
6 EL Weinessig	Pfeffer aus der Mühle

Und so wird's gemacht:

3 l Wasser mit allen Gewürzen aufkochen, den Schinken hineingeben und 2 1/2 Std. leise sieden lassen; nicht kochen, damit er nicht zäh wird.

Den Essig mit den feingehackten Schalotten und den zerdrückten Wacholderbeeren aufkochen lassen und solange kochen, bis die Flüssigkeit fast völlig verdampft ist. In einem anderen Topf die Butter schmelzen und das Mehl darin anschwitzen, bis es goldbraun ist. Jetzt mit Brühe und Weißwein ablöschen, die Schalottenmischung zugeben, gut verrühren und 5 Min. leicht einkochen lassen. Durch ein Sieb gießen, Sahne und Butter dazugeben, mit Salz und Pfeffer würzen, wieder erhitzen und die Sauce zum Schinken servieren.

Mit Lammfilet gefüllte Zucchiniblüten

Das brauchen Sie für 4 Portionen:

125 g Lammfilet gewürfelt	**Salz**
2 Schalotten	**Pfeffer aus der Mühle**
15 g Butter	**12 Zucchiniblüten**
1 Bund Bohnenkraut	**5 EL Öl**
1 Ei	**2 EL Zitronensaft**

Und so wird's gemacht:

Das Fleisch sehr fein würfeln. Die Schalotten pellen, ebenfalls sehr fein hacken, beides in der Butter andünsten. Bohnenkraut zupfen. Alles mit Ei, Salz und Pfeffer verkneten. Aus den Zucchiniblüten den Stempel herausbrechen, den Fleischteig einfüllen, die Blütenenden zusammendrücken. 2 EL Öl in eine ofenfeste Form geben, die Blüten hineinlegen, mit dem restlichen Öl und Zitronensaft beträufeln und im vorgeheizten Ofen 15 Min. bei 250° backen.

Tip: Die Füllung mit Lammfilet ist die feinste. Man kann statt dessen auch Lammhack nehmen.

Singapur-Filet-Spießchen (Originalrezept) mit Erdnußsauce

Das brauchen Sie für 4 Portionen:

je 200 g Lammfilet, Rinderfilet, Putenbrust	**1 EL Zucker**
125 g durchw. Speck in Scheiben	**Salz**
Öl zum Bestreichen	**... für die Erdnußsauce:**
... für die Marinade:	**4 getrocknete Chilischoten**
2 getrocknete Chilischoten	**4 Zwiebeln**
3 Zwiebeln	**2 Knoblauchzehen**
3 Knoblauchzehen	**6 Macadamia- oder Cashew-Nüsse**
2 cm Ingwerwurzel	**5 EL Erdnußöl**
1 TL Fenchelsamen	**150 g Erdnüsse**
1 TL Koriandersamen	**5 EL Zitronensaft**
1 TL Kreuzkümmel	**1 TL Zucker**
	Salz

Und so wird's gemacht:

Das Fleisch in dünne Scheiben schneiden und dann längs in 2 cm breite Streifen. Die Speckscheiben in 1 cm breite Streifen schneiden.
Die Chilis in 1/2 l kochendem Wasser gut 1/2 Std. einweichen. 5 EL Einweichflüssigkeit, die Chilis, Zwiebeln, Knoblauch, Ingwer, Fenchel, Koriander, Kreuzkümmel, Zucker und wenig Salz zusammen in ein hohes Gefäß geben und mit dem Pürierstab des Mixers zerkleinern.
Das Fleisch mit dieser Marinade einreiben und 2 Std. ziehen lassen. Nach Geschmack auch länger. Das Fleisch herausnehmen, Marinade aufheben.
Fleischstückchen abwechselnd auf Spieße stecken (Holzspieße vorher in Wasser legen, damit sie nicht brennen), immer ein Stück Fleisch, ein Stück Speck, so bleiben die Spießchen besonders saftig.
Man grillt die Spießchen über Holzkohle oder unter dem Grill im Backofen von jeder Seite etwa 5 Min. Die Chilis für die Erdnußsauce ebenfalls in 1/2 l kochendem Wasser einweichen.
Die zurückbehaltene Marinade mit den eingeweichten Chilis, Zwiebeln, Knoblauchzehen, Macadamia-Nüssen im Mixer pürieren. Erdnußöl in einer Pfanne erhitzen und die Püriermasse hineingeben und unter Rühren braten, bis sie duftet. Die Erdnüsse im Mixer pürieren und zugeben. Den Zitronensaft, 1/8 l Chili-Einweichflüssigkeit, Zucker und Salz zufügen, unter Rühren weiter kochen, bis eine duftende, dicke, würzige Sauce entstanden ist. Zu den Spießchen reichen.

Lammrücken

Lamm-Lachs an der Leine mit Sauce Bearnaise

Das brauchen Sie für 4 Portionen:

1 Lamm-Lachs
2 l Fleischbrühe
2 Bund Suppengrün
2 Zwiebeln
1 Bund glatte Petersilie
1 EL Pfefferkörner
... für die Sauce:
2 EL Weinessig

1 Glas herber Weißwein
2 feingehackte Schalotten
3 Zweige Estragon, feingehackt
3 Zweige glatte Petersilie, feingehackt
3 Zweige Kerbel, feingehackt
3 Eigelb
250 g Butter

Und so wird's gemacht:

Den Lamm-Lachs mit Küchengarn wie einen Rollbraten umwickeln, an einer Längsseite Schlaufen lassen. Die Brühe mit dem geputzten grob zerkleinerten Suppengrün und den Pfefferkörnern zum Kochen bringen und 15 Min. kochen. Nun durch die Schlaufen des Lachses einen genügend großen Holzlöffel schieben, den man über den Topf legen kann. Man hängt mit dem Löffel das Fleisch in den Topf, so daß es ganz mit Brühe bedeckt ist, aber nicht den Boden berührt, und läßt es bei kleiner Hitze 20 Min. leise sieden. Bei dieser Garweise kommt der Eigengeschmack des Fleisches besonders zur Geltung.

Zubereitung der Sauce:
Den Weinessig, den Wein, die Schalotten und die Hälfte der Kräuter so lange kochen, bis noch etwa 3 EL Flüssigkeit da sind. Nun durch ein Sieb geben und abkühlen lassen.
Die Butter klären, d. h. erhitzen und das Fett von der Molke trennen, nur das Fett kommt in die Sauce. Die übriggebliebenen 3 EL Flüssigkeit mit 3 Eigelb sehr gut vermischen, auf das Wasserbad setzen und mit einem Schneebesen so lange schlagen, bis die Creme hellgelb und schaumig ist. Jetzt die Butter zuerst tropfenweise, dann in dünnem Strahl zugeben. Kräftig weiterschlagen, immer erst wieder Butter zugeben, wenn die Sauce glatt ist. Wenn die Butter verbraucht ist, den Rest der gehackten Kräuter unterheben und zum Fleisch servieren.

Lammrücken in Scheiben gebraten

Das brauchen Sie für 8 Portionen:

1 Lammrücken, ca. 2 kg	4 EL Olivenöl
1 kg Zwiebeln	Salz
750 g Fleischtomaten	Pfeffer aus der Mühle
die Blättchen von 2 Bund Thymian	1 Prise Zucker
(3 EL voll)	etwas Cayennepfeffer
3 Knoblauchzehen	10 cl Weißwein

Und so wird's gemacht:

Den Lammrücken, wenn nötig, etwas entfetten und in Doppel-Koteletts hacken und wie gewachsen wieder zusammensetzen lassen.
3 EL Öl in einer Pfanne erhitzen, die Zwiebeln längs in Scheiben schneiden und in dem Öl glasig dünsten. Mit Salz, Pfeffer, 2 EL Thymianblättchen und 1 Prise Zucker würzen, mit Weißwein angießen und etwa 10 Min. weiter dünsten. Abkühlen und abtropfen lassen. Den Sud aufheben.
Einen Bräter mit 1 EL Öl auspinseln, den Rücken auseinanderziehen und an allen erreichbaren Stellen salzen und pfeffern, wieder fest zusammendrücken und in den Bräter setzen. Die Zwiebelscheiben tief zwischen die Lammscheiben stecken, so können sie nicht verbrennen. Die übriggebliebenen um das Fleisch verteilen.
Die Tomaten häuten, würfeln, den zurückbehaltenen Sud dazugießen, die gepreßten Knoblauchzehen zugeben, mit Salz, Zucker und Cayennepfeffer kräftig würzen und alles gut vermischen. Um das Fleisch geben. Im vorgeheizten Ofen 40 Min. bei 180° gut braten. Wer's nicht rosa mag, brät 10 Min. länger. Mit dem restlichen Thymian bestreuen und servieren.

Dazu passen Weißbrot und herber Weißwein.

Lamm-Medaillons mit Kruste

Das brauchen Sie für 4 Portionen:

2 kg Lammrücken	**etwas Salz**
2 altbackene Semmeln	**Pfeffer aus der Mühle**
70 g Rindermark	**1 TL Öl**
30 g Parmesan, frisch gerieben	**50 g Butter**
1 TL Rosmarinnadeln	**1 kg Porree**
1 TL frische Thymianblättchen	**200 g Crème fraîche**
1 Knoblauchzehe	**2 Eigelb**

Und so wird's gemacht:

Den Lammrücken auslösen, das Fett vom Fleisch entfernen und das Fleisch in Scheiben schneiden (Medaillons). Die Semmeln etwas entrinden, den Rest fein würfeln.

Das Rindermark grob zerteilen und in einer Pfanne schmelzen lassen. Die Brotwürfel hineingeben und mit dem Schneidstab des Mixers pürieren. Würzen mit Salz, Rosmarinnadeln, Thymianblättchen und der durchgepreßten Knoblauchzehe. Gut vermengen. Dann den Parmesan untermischen. Es muß eine dicke Paste entstehen.

50 g Butter in einer Pfanne schmelzen, den Porree mit den zarteren grünen Teilen in 5 cm lange Stücke schneiden und in der Butter andünsten. Salzen und pfeffern, zugedeckt 5–7 Min. weich dünsten. Die Lamm-Medaillons salzen und pfeffern. In einer Pfanne 1 EL Öl erhitzen und die Medaillons darin von beiden Seiten 5 Min. braten. Herausnehmen, abtropfen lassen. Crème fraîche und Eigelb vermischen, unter den Porree rühren.

Das Gemüse in eine Auflaufform schichten, die Medaillons auf einer Seite mit der Paste bestreichen und mit dieser Seite nach oben auf den Porree legen. 5–8 Min. im Grill überbacken. Servieren.

Dazu paßt Baguette.

Heidschnuckenrücken in Wacholderrahmsauce

Das brauchen Sie für 6 - 8 Portionen:

1 Heidschnuckenrücken, ca. 2,5 kg	**1/4 l Rotweinessig**
3 Zwiebeln	**1/2 l Rotwein**
3 Möhren	**Salz**
3 Lorbeerblätter	**Pfeffer aus der Mühle**
1 EL Pfefferkörner	**50 g Butter**
4 Nelken	**1 Becher Crème fraîche (200 g)**
4 TL Wacholderbeeren	**1 Prise Zucker**

Und so wird's gemacht:

Eine Beize herstellen aus 1/2 l Wasser, Zwiebeln, Möhren, Lorbeerblättern, Pfefferkörnern, Nelken, Wacholderbeeren, Essig und Wein. Den Heidschnuckenrücken 3 Tage darin ziehen lassen.

Den Rücken herausnehmen und häuten. Den Ofen auf 250° vorheizen, den Rücken auf die Saftpfanne legen, salzen, pfeffern, die Butter erhitzen und rauchend heiß über das Fleisch gießen. Die Saftpfanne in den Ofen schieben. Die Beize durchsieben. Den Saft auffangen, das Gemüse und die Würze neben den Rücken in den Backofen legen.

Der Heidschnuckenrücken muß insgesamt 50 Min. braten. Nach 20 Min. Bratzeit nach und nach etwa 1/4 l Beize dazugießen, den Braten ständig mit dem Bratensatz begießen.

1/4 Std. vor Ende der Garzeit den Becher Crème fraîche zugießen. Den Braten herausnehmen, warm stellen. Die Sauce durch ein Sieb gießen, mit Zucker abschmecken, etwas einkochen lassen.

Das Fleisch vom Knochen lösen, schräg in Scheiben schneiden, wieder zusammensetzen, mit der Sauce übergießen und servieren.

Lamm-Koteletts

Lammkoteletts mit Apfelsauce

Das brauchen Sie für 4 Portionen:

4 doppelte Lammkoteletts	**Pfeffer aus der Mühle**
2 säuerliche Äpfel	**2 EL Öl**
1/4 l Lammfond (oder Fleischbrühe)	**2 EL kalte Butter**
2 EL Weinessig	**etwas Salz**

Und so wird's gemacht:

Für die Sauce die Äpfel schälen und würfeln. Zusammen mit dem Lamm-fond und dem Essig aufkochen und 5 Min. weichziehen lassen. Die Sauce mit dem Schneidstab des Mixers pürieren, wieder erhitzen, die eiskalte Butter einschlagen. Mit Salz und Pfeffer abschmecken.
Das Öl in einer Pfanne erhitzen, die Koteletts von beiden Seiten gut pfeffern und von jeder Seite 3–4 Min. kräftig anbraten.
Man serviert die Koteletts mit der Sauce.

Dazu passen Pellkartoffeln.

140

Lammkoteletts nach Art der Schäferin in Madeirasauce

Das brauchen Sie für 4 Portionen:

12 einfache Lammkoteletts	**1 Zwiebel**
2 Knoblauchzehen	**1 Tomate**
Salz	**1 Bund Suppengrün**
Pfeffer aus der Mühle	**30 g durchwachsener Speck**
175 g durchwachsener Speck	**Salz**
20 g Butter	**1 Prise Zucker**
125 g Perlzwiebeln	**2 TL Zitronensaft**
... für die Madeirasauce:	**2 EL Madeira**
2 EL Mehl	**60 g Butter zum Braten der Koteletts**
2 EL Butter (vom Braten der Koteletts)	**1 Bund gehackter Schnittlauch**
1/4 l Fleischbrühe	

Und so wird's gemacht:

Die Lammkoteletts mit gestiftelten Knoblauchzehen spicken, salzen, pfeffern und etwas ziehen lassen. 20 g Butter in einer Pfanne erhitzen, den Speck in feine Würfel schneiden und darin anbraten, die Zwiebeln dazugeben und andünsten.

60 g Butter in einer zweiten Pfanne erhitzen, die Koteletts darin von beiden Seiten 4 Min. braun braten. Herausnehmen und auf die Speckwürfel und Perlzwiebeln legen. Nacheinander in dieser Pfanne das feingewürfelte Suppengrün und die Zwiebel, den feingewürfelten Speck, die grob gewürfelte Tomate kräftig anrösten. Herausnehmen und beiseite stellen.

In dem übriggebliebenen Fett 2 EL Mehl kräftig anbräunen, mit der Fleischbrühe ablöschen, aufkochen lassen, mit Salz, Zucker, Zitronensaft und Madeira abschmecken. Das angeröstete Gemüse hineingeben und 20 Min. bei schwacher Hitze leise köcheln lassen. Durch ein Sieb gießen und über die Koteletts geben. 3 - 4 Min. bei schwacher Hitze ziehen lassen. Mit den Schnittlauchröllchen bestreuen und servieren.

Dazu paßt Weißbrot.

141

Lammkoteletts mit Mandel-Rosinen-Ingwer-Reis

Das brauchen Sie für 4 Portionen:

4 doppelte Koteletts	**1 Stück eingelegte Ingwerwurzel,**
Salz	**3 – 4 cm lang**
Pfeffer aus der Mühle	**1 l Salzwasser**
etwas abgeriebene Zitronenschale	**... für die Sauce:**
20 g Butterschmalz	**das Kotelett-Bratfett**
... für den Reis:	**1 Schalotte**
400 g Langkornreis	**4 EL Sherry**
100 g Rosinen	**1 Messerspitze feingemahlener**
80 g gestiftelte geröstete Mandeln	**Koriander**
30 g Butter	

Und so wird's gemacht:

Die Koteletts mit Salz, Pfeffer und der abgeriebenen Zitronenschale einreiben. Butterschmalz in einer Pfanne erhitzen und die Koteletts darin
von beiden Seiten je 4 - 5 Min. braun braten. Herausnehmen und warm
stellen.
Die Rosinen in Wasser einweichen. Die Mandeln in einer Pfanne ohne
Fett goldbraun rösten. Die Ingwerwurzel fein schneiden. 30 g Butter in
einem Topf erhitzen, den Reis hineingeben und glasig werden lassen, mit
1 l Salzwasser aufgießen und zugedeckt bei milder Hitze 20 Min. quellen
lassen. Mit den gut abgetropften Rosinen, Mandelstiften und Ingwer vermischen.
In dem Kotelett-Bratfett die feingeschnittene Schalotte glasig dünsten,
mit Sherry ablöschen, durch ein Sieb gießen, mit Koriander abschmecken
und einmal aufkochen. Über die warmen Koteletts gießen und sofort
servieren.

Dazu paßt ein Blattsalat.

Hammelkoteletts „Provençale"

Das brauchen Sie für 4 Portionen:

4 große (doppelte) oder 8 kleine	**2 Knoblauchzehen**
Hammelkoteletts	**1 EL gehackte Petersilie**
Salz	**1/2 TL Thymian, gerebelt**
Pfeffer aus der Mühle	**10 feingehackte Oliven**
1 EL Öl	**1 EL Tomatenmark**
1 EL Butter	**2 kleine geschälte und gewürfelte**
2 Zwiebeln	**Tomaten**

Und so wird's gemacht:

Die Hammelkoteletts salzen und pfeffern. Das Öl in einer Pfanne erhitzen und die Koteletts darin gar braten. Herausnehmen und warm stellen.
Die Butter zum Bratenfett geben, die Zwiebeln fein hacken und in dem Fett goldgelb werden lassen. Die Tomaten und die Oliven zugeben, 5 Min. durchbraten lassen, mit den zerdrückten Knoblauchzehen, Petersilie und Thymian vermischen.
Die Koteletts in diese Sauce geben und 10 Min. durchziehen lassen.

Dazu passen geröstete Kartoffeln und grüne Bohnen oder Zucchini-Gemüse.

Hammelkrone

Das brauchen Sie für 4 Portionen

1 kg Hammelkotelett im Stück (aus-	**1 EL Öl**
gebeint bis auf die Rippenknochen)	**1 Zwiebel**
Salz	**1 Möhre**
Pfeffer aus der Mühle	**1 EL Tomatenmark**
1 zerdrückte Knoblauchzehe	**1/4 l Fleischbrühe**

Und so wird's gemacht:

Das Kotelettstück salzen und pfeffern und mit dem zerdrückten Knoblauch einreiben. An beiden Enden mit Garn zusammenbinden, so daß eine Krone entsteht. Die Rippen müssen dabei nach außen kommen. Eine Pfanne ein-ölen, das Fleisch darauf setzen. Im vorgeheizten Ofen bei 190° zusammen mit der gewürfelten Zwiebel und der Karotte 1 Std. braten. Wer das Fleisch nicht rosa mag, brät 1/4 Std. länger. Herausnehmen, warm stellen.
Den Bratensatz mit Tomatenmark vermischen, mit Fleischbrühe ablöschen, durch ein Sieb passieren und als Sauce reichen.

Dazu passen Röstkartoffeln und grüne Bohnen.

144

Gegrillte Lammkoteletts in Bananensauce

Das brauchen Sie für 4 Portionen

4 doppelte Lammkoteletts	**10 g Butter**
Salz	**2 EL Curry**
Pfeffer aus der Mühle	**10 cl Weißwein**
1 zerdrückte Knoblauchzehe	**2 mittelgroße Bananen**
Öl zum Einpinseln	**100 g süße Sahne**
... und für die Sauce:	**Salz**
1 Schalotte	**Pfeffer aus der Mühle**

Und so wird's gemacht:

Die Koteletts salzen und pfeffern, mit der zerdrückten Knoblauchzehe
einreiben, mit Öl bepinseln und von beiden Seiten 4–5 Min. grillen.
Die Butter in einer Pfanne erhitzen, die Schalotte sehr fein hacken und
darin andünsten. Curry darüberstäuben, mit Weißwein und Wasser ablöschen. Eine Banane mit der Gabel fein zerdrücken, mit der Sahne
vermischen und in die Curry-Zwiebel-Pfanne geben. Abschmecken mit
Salz und Pfeffer. Die zweite Banane in Scheiben schneiden, in die Sauce
geben und heiß werden lassen.
Mit den Grillkoteletts servieren.

Lammkeule

Lammkeule im Roquefort-Mantel

Das brauchen Sie für 4 – 6 Portionen:

1 Lammkeule, ca. 2,5 kg	3 EL Olivenöl
Salz	250 g kleine Zwiebeln
Pfeffer aus der Mühle	1/2 l Weißwein
4 Knoblauchzehen	350 g Roquefort
1 Bund Thymian	2 Becher Crème fraîche (400 g)

Und so wird's gemacht:

Die Lammkeule waschen und trocknen, mit ganz wenig Salz und viel Pfeffer einreiben. Die Knoblauchzehen in Stifte schneiden, die Thymianzweige zerkleinern, die Haut der Lammkeule rundherum vorsichtig einritzen und in diese Taschen Knoblauch und Thymian stecken. Das Olivenöl in einem Bräter erhitzen, die Keule darin kräftig anbraten. Die gepellten ganzen Zwiebeln kurz mitbraten. Die Hälfte Wein zugießen und den Bräter in den vorgeheizten Ofen schieben und bei 200° insgesamt 120 Min. garen.

200 g Crème fraîche mit dem Roquefort glatt rühren. Nach 20 Min. Garzeit die Keule mit der Hälfte der Roquefort-Crème-fraîche-Mischung bestreichen. Nach weiteren 20 Min. wenden, den Rest auf die Keule streichen. Nach jeweils 20 Min. die Keule wenden, mit dem Bratensaft begießen. Die Keule muß knusprig braun werden, sollte dies zu schnell geschehen, die Keule mit Alufolie abdecken.

Nach 2 Std. das Fleisch herausnehmen. Den Bratenfond mit dem restlichen Wein ablöschen, mit Crème fraîche binden. Die Sauce getrennt zum Fleisch servieren.

Gebratene Lammkeule mit Pfefferminzsauce

Das brauchen Sie für 6–8 Portionen:

1 Lammkeule, ca. 2 kg	**1 Karotte**
etwas Salz	**1 Tasse Weinessig**
Pfeffer aus der Mühle	**1 1/2 Tassen Wasser**
4 Knoblauchzehen	**1/2 Tasse feingehackte frische**
2 EL Öl	**Pfefferminzblätter**
1 Zwiebel	**1 TL Zucker**

Und so wird's gemacht:

Die Lammkeule waschen, wenn nötig überschüssiges Fett entfernen, eine Haut muß dran bleiben.
2 TL Salz mit 1/2 TL Pfeffer und den zerdrückten Knoblauchzehen vermischen und die Keule damit einreiben. In einer großen Pfanne Öl erhitzen und die Keule darin ringsum kräftig anbraten, anschließend in den vorgeheizten Ofen schieben und bei 200° ca. 1 1/2 Std. braten. Nach der halben Garzeit die grob gewürfelte Zwiebel und die Karotte zugeben.
Die Keule herausnehmen, 10 Min. ruhen lassen, damit der Saft nicht austritt. Den Bratensatz mit 1 1/2 Tassen Wasser ablöschen, durchsieben. Den Weinessig zugeben, mit dem Zucker (nach Geschmack auch etwas mehr als 1 TL) aufkochen, die Minzblätter zugeben. Umrühren und zur in Scheiben geschnittenen Keule servieren.

Dazu passen roh gebratene Kartoffeln, mit Semmelbröseln bestreut, und in Salzwasser gegartes Gemüse, mit Butterflöckchen besetzt.

Tip: Die Minzsauce mit 1/2 TL kalt angerührter Speisestärke binden.

Heidschnuckenkeule „Heidjer Art"

Das brauchen Sie für 4-8 Portionen:

1 Heidschnuckenkeule oder	1 EL Butter
Lammkeule (ca. 2 kg)	1 Zwiebel
Pfeffer aus der Mühle	2 Nelken
etwas Salz	2 Möhren
10 Wacholderbeeren	1 Glas Rotwein
1 Bund Thymian	1/8 l Fleischbrühe
1 EL Öl	1 Becher Crème fraîche

Und so wird's gemacht:

Die Keule mit Pfeffer, zerdrückten Wacholderbeeren und den Thymian-blättchen einreiben und alles 2 Std. einziehen lassen. Dann erst salzen.
Öl und Butter in einem Schmortopf erhitzen, die Keule darin von allen Seiten knusprig anbraten. Die Möhren in Stücke schneiden, die Zwiebel vierteln und die Nelken in die Zwiebelstücke stecken. Beides zur Keule geben, in den vorgeheizten Ofen schieben und bei 200° unter häufigem Begießen ca. 1 Std. braten. Dann ist das Fleisch noch rosa, wer's durch mag, brät 20 Min. länger. Wenn das Fett in der Pfanne zu dunkel wird, nach und nach etwas Wein zugießen.
Das Fleisch herausnehmen und einige Minuten ruhen lassen, damit es beim Schneiden nicht zuviel Saft verliert.
Den Bratensaft mit dem restlichen Wein und der Fleischbrühe ablöschen. Wenn nötig entfetten, in eine kleine Kasserolle umgießen, nochmals auf-kochen, die Crème fraîche einrühren und alles etwas einkochen lassen.
Das Fleisch in Scheiben schneiden und die Sauce getrennt dazu servieren.

Dazu passen: Butterbohnen, Petersilienkartoffeln, Preiselbeeren.

Gefüllte Lammkeule

Das brauchen Sie für 8 Portionen:

1 Lammkeule, ca. 2 kg, ohne Knochen	Pfeffer aus der Mühle
2 Eier, hartgekocht	2 EL Öl
1 Scheibe Toastbrot (ohne Rinde)	3/4 l Lammfond (evtl. Fleischbrühe)
1 EL Senf	3 EL dunkles Saucenbindemittel
1 Bund Basilikum	2 EL Zitronensaft
Salz	1 Prise Zucker

Und so wird's gemacht:

Die Lammkeule waschen, wenn nötig vom überschüssigen Fett befreien, jedoch unbedingt eine Haut dranlassen.

Die Eier fein hacken, das Toastbrot würfeln, das Basilikum hacken und alles zusammen mit dem Senf verrühren und mit Salz und Pfeffer kräftig würzen. Diese Masse mit einem Löffel in die entbeinte Lammkeule drücken und zunähen.

2 EL Öl in einer Pfanne erhitzen und die Keule darin rundherum kräftig anbraten, dann in den vorgeheizten Ofen schieben und bei 200° ca. 1 1/2 Std. auf der 2. Leiste von unten garen. Nach 20 Min. 1/2 l Lammfond zugießen. Nach Ende der Garzeit, die Keule aus dem Ofen nehmen, in Alufolie wickeln und 15 Min. ruhen lassen, damit beim Schneiden nicht zuviel Saft austritt.

Den Bratensatz mit dem restlichen Fond aufkochen, das Saucenbindemittel einstreuen, nochmals aufkochen, mit Salz, Pfeffer, Zitronensaft und Zucker abschmecken. Die Lammkeule in Scheiben schneiden und mit Sauce und Beilagen servieren.

Lamm

Gebratene Keule mit weißen Bohnen auf bretonische Art

Das brauchen Sie für 4 Portionen:

1 Hammelkeule, ca. 2,5–3 kg
2 EL Salz
etwas Wasser
10 Knoblauchzehen
... für die Bohnen:
1 kg gekochte weiße Bohnen
1 mittelgroße Zwiebel
10 cl trockener Weißwein

25 g Butter oder besser Bratfett aus
der Keule
400 g frische gehäutete gehackte
Tomaten
2 Knoblauchzehen
1 TL gehackte Petersilie
Pfeffer aus der Mühle

Und so wird's gemacht:

Die Hammelkeule waschen, wenn nötig entfetten, aber immer eine Haut dranlassen. Die Keule mit Salz einreiben, mit den Knoblauchzehen spicken, d. h. die Zehen vorsichtig unter die Fetthaut rund um die Keule verteilt stecken. Backofen vorheizen auf 200°, die Keule in eine Bratpfanne legen und hineinschieben. Jeweils nach 1/2 Std. wenden, mit der runden Seite nach unten beginnen, jeweils etwas Wasser zugießen und während des Bratens öfter mit dem austretenden Bratensaft begießen. Man rechnet pro 1 kg Keule 1 Std. Bratzeit.
Man kocht die Bohnen gar – je nach Vorschrift, frische oder getrocknete. Man kann sogar Bohnen aus der Dose nehmen.
Die Butter oder das Bratfett erhitzen, die Zwiebel feinhacken und darin langsam weich dünsten. Den Weißwein zufügen und etwas einkochen lassen. Die Tomaten fein hacken und zugeben, etwa 10 Min. mitkochen. Die Knoblauchzehen zerdrücken und zusammen mit der Petersilie unterrühren, nochmals aufkochen lassen, vom Feuer nehmen und mit Pfeffer abschmecken. Die Bohnen abtropfen lassen und unter die Sauce mischen. Man serviert die Hammelkeule in Scheiben geschnitten und getrennt dazu die Bohnen.

Auf englische Art gekochte Hammelkeule

Das brauchen Sie für 6-8 Portionen:

1 Hammelkeule, ca. 2,5 kg	**1 Zweig Thymian**
Wasser	**8 große mehlige Kartoffeln**
etwas Salz	**1 Zweig Selleriegrün**
10 Möhren	**130 g Butter**
4 Zwiebeln	**Pfeffer aus der Mühle**
2 Nelken	**60 g Mehl**
1 Bund Petersilie	**3 EL Kapern**
2 Lorbeerblätter	

Und so wird's gemacht:

Die Keule waschen, von überflüssigem Fett befreien, jedoch eine dünne Fetthaut drauflassen. Den Knochen herauslösen. Einen großen Topf mit Wasser zum Kochen bringen. Die Keule hineingeben – sie muß ganz mit Wasser bedeckt sein. Man gibt pro 1 l Wasser 10 g Salz zu, die Möhren, die Zwiebeln, die Gewürznelken, Petersilie, Lorbeerblätter, Thymian, die geschälten Kartoffeln und den Selleriezweig. Wenn das Wasser wieder kocht, reduziert man die Hitze und läßt die Keule auf kleiner Flamme leise siedend gar werden. Man rechnet pro kg Keule etwa 30 Min.
Die Keule herausnehmen, aufschneiden und auf eine Platte legen. Die Karotten und die Kartoffeln mit einem Schaumlöffel herausnehmen, in eine Schüssel geben, etwas frisch gemahlenen Pfeffer und 30 g zerlassene Butter drübergeben, nach Geschmack auch etwas Salz. Getrennt zum Fleisch servieren.
Für die Sauce zerläßt man 100 g Butter, gibt 60 g Mehl hinzu und rührt, bis das Mehl hellgelb ist. Dann gießt man so viel Brühe von der Keule hinzu, daß eine nicht zu dicke Sauce entsteht. Man kocht die Sauce auf und gibt 3 EL Kapern dazu.
Man serviert Fleisch, Kartoffeln mit Möhren und Sauce getrennt.

Gebratene Hammelkeule

Das brauchen Sie für 6 - 8 Portionen:

1 Hammelkeule, 2,5 – 3 kg	**1/2 l saure Sahne**
2 EL Salz	**80 – 100 g Mehl**
etwas Wasser	

Und so wird's gemacht:

Sie nehmen eine gut abgehangene Keule, waschen sie, trocknen sie und klopfen sie rundherum. Ist die Keule zu fett, schneiden Sie das Fett etwas ab.

Die Keule wird rundherum gut eingesalzen und in eine Bratpfanne in den vorgeheizten Ofen geschoben (200°). Man legt die Keule zuerst auf die abgerundete Seite, wendet jeweils nach 1/2 Std. und gießt jedesmal knapp 1/8 l Wasser zu. Die Keule muß während des Bratens ständig mit dem Bratensatz begossen werden. Bratzeit etwa 2 1/2 bis 3 Std. 1/4 Std. vor Ende der Bratzeit gießt man die saure Sahne zu, wendet die Keule einmal in der Sahne. Wenn die Keule gar ist, herausnehmen und die Sauce mit in Wasser angerührtem Mehl binden.

Sie lassen den Braten etwa 15 Min. ruhen, bevor Sie ihn anschneiden (so tritt nicht so viel Saft aus), und beginnen am unteren Knochenende Scheiben zu schneiden. Die Scheiben werden auf einem Teller angerichtet und mit der Sauce übergossen und sofort serviert.

Tips: Man kann die Keule vor dem Braten mit etwas Senf einstreichen und/ oder Tomaten mitbraten. Das macht auch die Sauce besonders lecker.

Wenn es einmal schneller gehen muß, können sie die Keule vorkochen - ca. 1 Std. - und dann noch eine Stunde im sehr heißen Ofen braten.

Gebeizte und geräucherte Lammkeule

Das brauchen Sie für 8 – 10 Portionen:

1 Lammkeule, ca. 2,5 – 3 kg
2 cm frische Ingwerwurzel
1 Bund Rosmarin
1 Bund Thymian
Schale von einer unbehandelten
Zitrone
15 Wacholderbeeren
1 EL mittelscharfer Senf

1/2 Bund Korianderblättchen
Salz
Pfeffer aus der Mühle
4 EL Olivenöl
100 g Räucherspäne zum Heißräuchern
(vom Metzger oder aus dem Angel-
geschäft)

Und so wird's gemacht:

Rosmarinnadeln, Thymian- und Korianderblättchen sehr fein hacken. Die Ingwerwurzel schälen und reiben, die Zitrone abreiben. Die Wacholderbeeren im Mörser zerstampfen. Sämtliche so vorbereiteten Gewürze mit Senf, Olivenöl und reichlich Pfeffer zu einer Paste verrühren. Die Lammkeule enthäuten und entfetten und rundherum mit dieser Paste dick einstreichen. Mit Folie abdecken und mindestens 2 Tage an einem kühlen Platz durchziehen lassen. Dann erst nach Geschmack salzen.
Zum Räuchern einen großen Schmortopf mit Deckel nehmen. Die Räucherspäne auf dem Boden verteilen. Ein Gitter mit 3 – 4 cm hohen Füßen draufsetzen (am besten ein Kuchengitter), mit einer Alufolie abdecken, die man an den Rändern so hochzieht, daß man den Saft auffangen kann und er nicht in die Späne tropft. Jetzt die Keule hineinlegen, den Topf gut verschließen.
Man beginnt auf mittlerer Hitze zu räuchern. Wenn sich dichter Rauch bildet, die Hitze auf die kleinste Stufe reduzieren und 1 1/2 Std. bei geschlossenem Topf auf dem Herd lassen. Den Topf vom Herd nehmen und geschlossen 12 Std. stehen lassen.
Die Lammkeule aus dem Topf nehmen, nachsalzen, die Flüssigkeit aus der Folie in einen Bräter geben, die Lammkeule hineinlegen. Den Bräter verschließen und im vorgeheizten Backofen 1 1/2 Std. bei 200° braten. Zwischendurch mit dem austretenden Fleischsaft begießen und einmal umdrehen. Jetzt noch 1/2 Std. im offenen Bräter garen, damit die Keule schön knusprig wird.

Dazu passen Blechkartofffeln und Bohnen.

Lamm-Curry mit Macadamia-Nüssen und Zitronengras

Das brauchen Sie für 4 Portionen:

1 kg Lammfleisch aus der Keule
3 EL Öl
6 rote Chilischoten, entkernt, in Streifen geschnitten
3 Zwiebeln, feingehackt
2 Knoblauchzehen, feingehackt
1 Stück Ingwerwurzel, ca. 2 cm, gehackt

2 Stengel Zitronengras, die grünen Teile gebündelt, das weiße in Scheiben geschnitten
50 g Macadamia-Nüsse, gemahlen
1/4 l Kokossahne
Pfeffer aus der Mühle
1/2 TL Zucker
1 Bund frischer Koriander

Und so wird's gemacht:

Das Lammfleisch würfeln, 3 EL Öl in einem Schmortopf erhitzen und die Fleischwürfel darin portionsweise gut anbraten. Chilischoten, Zwiebeln, Knoblauchzehen, Ingwerwurzel, Zitronengrasscheiben und gemahlene Nüsse mit dem ganzen Fleisch vermischen und 10 Min. bei milder Hitze in dem Schmortopf dünsten.
Die Kokossahne zugießen, mit so viel Wasser auffüllen, bis alles knapp bedeckt ist. Mit Salz und Pfeffer und Zucker würzen, das Zitronengrasbündel hineinhängen und alles zusammen 1 Std. bei milder Hitze kochen lassen.
Mit frischgehacktem Koriander bestreuen und servieren.

Tips: Statt der Macadamia-Nüsse kann man Mandeln nehmen, die abgezogen, im Mixer fein zerkleinert und mit 2 EL Wasser eingeweicht werden. Kokosmilch erhält man, wenn man ungesüßte Kokosflocken mit heißer Sahne oder Milch übergießt. Etwas abkühlen lassen und durch ein Sieb gießen. Man nimmt immer 1 Teil Kokosflocken und 2 Teile Flüssigkeit, hier also 125 g Kokosflocken und 1/4 l Sahne. Wichtig ist, daß die Flocken ungesüßt sind.

Lammhaxen mit Rotwein-Karamel-Sauce

Das brauchen Sie für 4 Portionen:

4 Lammhaxen (ca. 350 g)	1 EL Zitronensaft
500 g Schalotten	2 EL Öl
200 g Tomaten	Salz
2 gehäufte EL Puderzucker	Pfeffer aus der Mühle
0,7 l Rotwein	50 g eiskalte Butter

Und so wird's gemacht:

Öl in einen Bräter geben, 100 g Schalotten, die geviertelten Tomaten dazu. Die Lammhaxen mit Zitronensaft, Salz und Pfeffer einreiben, nebeneinander in den Bräter legen und in den vorgeheizten Backofen schieben und auf der 2. Leiste 60 Min. bei 200° garen. Wenn sich das Fleisch während des Bratens etwas zusammenzieht, die freiliegenden Knochen mit Alufolie umwickeln, damit sie nicht verbrennen.
Den Puderzucker in einer Pfanne schmelzen, so daß heller Karamel entsteht, mit Rotwein ablöschen und aufkochen, bis sich der Karamel löst. Die restlichen Schalotten ganz hineingeben und einmal aufkochen.
Nach 60 Min. Garzeit den Bräter aus dem Ofen nehmen, die Haxen herausnehmen, Schalotten und Tomaten mit 1/8 l Wasser ablöschen und aufkochen. Den Bratfond durch ein Sieb gießen und wieder in den Bräter zurückgeben. Die Haxen wieder hineingeben, die Schalotten aus der Rotwein-Karamelsauce und die Hälfte der Sauce dazu. Alles wieder in den Backofen schieben und 30 Min. offen weiterbraten. Zwischendurch mit Bratenfond und der restlichen Karamelsauce begießen. Nach der zweiten Bratzeit die Hitze heraufstellen auf 225° und die Haxen ca. 15 Min. schön bräunen. Herausnehmen und warm stellen. Den Bratenfond in einen Topf umgießen, die eiskalte Butter in kleinen Flöckchen einrühren.
Die Lammhaxen mit den Schalotten auf vorgewärmten Tellern anrichten, mit der Sauce übergießen und servieren.

Dazu paßt herzhafter Salat (Eichblatt oder Frisée/Endivien).

Lammschulter und Lammbrust

Lammbraten italienisch

Das brauchen Sie für 4-6 Portionen:

1 Lammschulter (ca. 1,5 kg)	**1 TL Salz**
150 g gewürfelter geräucherter Speck	**Pfeffer aus der Mühle**
1/4 l Olivenöl	**1/4 l herber Weißwein**
1 Zweig Rosmarin	**8 große grob gewürfelte Kartoffeln**
2 Knoblauchzehen	**1 gehackte Zwiebel**
Saft von 1/2 Zitrone	

Und so wird's gemacht:

Lassen Sie die Lammschulter vom Metzger an der Innenseite am Gelenk einschneiden, so daß sie an einem Stück bleibt. In diese Schnittstelle schieben sie später den Rosmarinzweig, außerdem läßt sich der Braten so leichter zerteilen.
Waschen Sie die Schulter, wenn nötig entfernen Sie überschüssiges Fett, es muß aber immer eine Haut dranbleiben. Schneiden Sie kleine Öffnungen in diese Haut und stecken Sie die Speckstückchen und die Knoblauchstückchen hinein, in die Mitte den Rosmarinzweig.
Dann legen Sie den Braten in eine Kasserolle, gießen das Olivenöl darüber, würzen mit Salz, Pfeffer und Zitronensaft und lassen ihn 5-6 Std. an einem kühlen Platz marinieren. Wenden Sie ihn einige Male, damit er wirklich rundum mariniert ist.
Schieben Sie den Braten in den vorgeheizten Ofen auf die unterste Leiste und braten Sie ihn bei 200° von allen Seiten knusprig braun. Gießen Sie während des Bratens nach und nach den Wein zu. Das dauert ca. 1,5 Std.
Zerlassen Sie in einer zweiten Pfanne etwas Olivenöl, geben die gehackte Zwiebel hinein und die Kartoffelwürfel, schieben dies auf die oberste Leiste des Backofens und lassen diese Pfanne die letzte halbe Stunde mitrösten. Richten Sie den Braten in Scheiben auf einem vorgewärmten Teller an, legen die Kartoffeln drumherum und servieren Sie sofort.

Dazu paßt besonders gut ein Tomatensalat.

Lammtopf mit grünen Bohnen und anderem Gemüse

Das brauchen Sie für 8 Portionen:

1 kg Lammschulter, gewürfelt,	2 Zweige Thymian
mit Knochen	Salz
250 g Zwiebeln	Pfeffer aus der Mühle
250 g Kartoffeln	1 Bund glatte Petersilie
250 g Möhren	1/8 l süße Sahne
1 Stück Sellerie	1 EL Senf
700 g Brechbohnen	1 EL Crème fraîche
400 g Porree	1 El Zitronensaft
6 EL Butterschmalz	2 Knoblauchzehen
2 Lorbeerblätter	

Und so wird's gemacht:

2 EL Butterschmalz in einem Topf erhitzen, die Lammfleischwürfel und die Knochen darin von allen Seiten kräftig anbraten. So viel kochendes Wasser zugießen, daß Fleisch und Knochen bedeckt sind. Etwa 15 Min. offen kochen lassen, dabei zwischendurch abschäumen.

In einer zweiten Pfanne 2 EL Butterschmalz erhitzen und darin die geviertelten Zwiebeln anbraten, aus dem Fett nehmen und in den Fleischtopf geben. In dem Fleischtopf muß immer so viel Wasser sein, daß der feste Inhalt gut bedeckt ist. Der Eintopf muß offen kochen, zwischendurch abgeschäumt und immer wieder mit Wasser aufgefüllt werden.

Die Kartoffeln in Scheiben schneiden, in dem Zwiebelfett von beiden Seiten anbraten und mit dem Bratenfett in den Fleischtopf geben.

Die restlichen 2 EL Butterschmalz in die Pfanne geben und jetzt Möhren in Scheiben, Sellerie in Stiften darin anbraten und zusammen in den Lammtopf geben. Lorbeerblätter und Thymian zugeben, mit Salz und Pfeffer würzen und weiterkochen, mindestens bis jetzt 50 Min. Die Bohnen brechen und in den Topf geben, 10 Min. weiterkochen, den Porree in Ringe schneiden, zugeben, 10 Min. weiterkochen. Lorbeerblätter und Thymianzweige herausnehmen. Die Petersilie grob hacken, in die Suppe streuen, Sahne, Senf, Crème fraîche, Zitronensaft und feingehackten Knoblauch untermischen und sofort servieren.

Tip: Man kann das Gemüse beliebig variieren, z. B. Zucchini, Auberginen, Wirsing oder Spinat statt der Bohnen nehmen.

Lammragout mit Feigen- und Aprikosen-Mandeln

Das brauchen Sie für 4 Portionen:

1 kg Lammschulter, gewürfelt
30 g Butterschmalz
Salz
Pfeffer aus der Mühle
2 Knoblauchzehen, gehackt

4 EL Zitronensaft
12 getrocknete Feigen
12 Haselnüsse
24 getrocknete Aprikosen
24 Mandeln, abgezogen

Und so wird's gemacht:

Die Feigen und die Aprikosen in ca. 1 l warmem Wasser mindestens 1 Std. einweichen, danach abtropfen lassen. Das Einweichwasser aufheben. In jede Feige eine Haselnuß, in jene Aprikose eine Mandel stecken. Beiseite stellen.

Das Butterschmalz in einer Pfanne heiß werden lassen, das Lammfleisch darin kräftig von allen Seiten anbraten. Mit Salz und Pfeffer würzen, Knoblauchzehen drüberstreuen, den Zitronensaft und 1/4 l Einweichflüssigkeit zugießen. Umrühren.

Die Feigen und Aprikosen auf das Fleisch legen und alles bei milder Hitze 2 Std. schmoren lassen.

Gefüllte Lammschulter

Das brauchen Sie für 8 Portionen:

1 Lammschulter, ca. 1,5 kg	1 Knoblauchzehe
Salz	1 kleines Glas Mixed Pickles
Pfeffer aus der Mühle	1/2 TL Curry
1 altbackene Semmel	2 EL Pflanzenöl
2 Eier	1 Zwiebel
300 g gewürztes Mett	1 Möhre
1 EL gehackte Kräuter	1 EL Tomatenmark

Und so wird's gemacht:

Vom Metzger den Knochen so aus der Lammschulter lösen lassen, daß 2 Taschen entstehen. Die Schulter innen und außen salzen und pfeffern. Die Semmel fein würfeln, die Eier verquirlen, über die Brotwürfel gießen und einziehen lassen. Das Mett, Kräuter, zerdrückte Knoblauchzehe, die gut abgetropften Mixed Pickles, Curry und evtl. Salz zugeben und gut miteinander vermischen. Die Lammschulter-Taschen mit dieser Masse füllen und zunähen oder zustecken.
Im vorgeheizten Ofen im heißen Öl anbraten. Die Fettseite nach oben legen, die Zwiebel und Möhre grob würfeln und drumherum legen. Etwa 1 1/2 Std. bei 190° braten.
Das Fleisch herausnehmen, 1 EL Tomatenmark in die Pfanne geben und mit 1/4 l Wasser ablöschen, bis sich alle Röststoffe gelöst haben. Diese Sauce durch ein Sieb geben und getrennt zur Schulter reichen. Die Schulter in Scheiben schneiden und servieren.

Dazu passen Kartoffeln.

Rollbraten vom Lamm

Das brauchen Sie für 4 Portionen:

1 kg dünne Lammbrust	1 rote und 1 grüne Paprikaschote, in
125 g durchwachsener Speck, dünn	Streifen geschnitten
aufgeschnitten	1 EL Öl
50 g Butter	4 kleine Zwiebeln
1 TL Salz	1 Bund Suppengrün
Pfeffer aus der Mühle	1/8 l Rotwein
2 Knoblauchzehen	1/8 l Fleischbrühe
3 Zweige Majoran, feingehackt	125 g Crème fraîche
2 Blättchen Salbei, feingehackt	

Und so wird's gemacht:

Die Lammbrust auf einem Holzbrett ausbreiten. Die Innenseite salzen und gut pfeffern. Majoran- und Salbei-Blättchen drüberstreuen, mit den zerdrückten Knoblauchzehen einreiben. Dann die dünnen Speckscheiben quer zur Wickelrichtung auf das Fleisch legen, die Paprikaschoten-Streifen darauf verteilen und den Braten fest zusammenrollen. Mit Küchengarn verschnüren und rundherum mit Öl gut einstreichen. In einer Kasserolle die Butter sehr heiß werden lassen, den Braten hineinlegen, Zwiebeln und Suppengrün drumherumlegen. Im vorgeheizten Ofen bei 175° ca. 2 Std. braten. Dabei jeweils nach 20 Min. wenden und laufend mit Rotwein und Brühe begießen. Nach 2 Std. ist der Braten schön knusprig braun.
Man nimmt ihn heraus, schneidet ihn in Scheiben, bindet die Sauce mit Crème fraîche (einrühren und einmal kurz aufkochen) und legt den Braten wieder in die Kasserolle und serviert sofort.

Dazu passen Salzkartoffeln und jedes Gemüse.

Blanquette vom Lamm mit Fleurons

Das brauchen Sie für 4 Portionen:

1 kg Lammbrust, gewürfelt	**1 Eigelb**
1 große Möhre, gewürfelt	**1/8 l Milch**
2 geschälte Zwiebeln, gehackt	**1 TL Zitronensaft**
2 Lorbeerblätter	**1 Zitrone, geviertelt**
3 EL Butter	**1 TL Salz**
2 EL Mehl	**1/2 TL weißer Pfeffer**
1/2 l Fleischbrühe	

Und so wird's gemacht:

Das Fleisch vom Knochen lösen und in mundgerechte Stücke schneiden. Die Fleischwürfel in einen Topf geben und mit kochendem Wasser bedecken. Aufkochen lassen und den Schaum sorgsam abschöpfen. Dann die Möhre, Zwiebeln, Lorbeerblätter, Zitronenviertel, Salz und Pfeffer zugeben. Bei milder Hitze ca. 1 Std. köcheln lassen.
In einem zweiten Topf die Butter zerlaufen lassen und das Mehl unter ständigem Rühren zugeben. Den Topf vom Feuer nehmen (das Mehl darf nicht braun werden), die Fleischbrühe langsam unterrühren. Mit Salz und Pfeffer abschmecken, den Topf wieder auf den Herd stellen und unter Rühren 3–5 Min. kochen, bis die Sauce zu dicken beginnt. Etwas abkühlen lassen, mit Milch und gut verquirltem Eigelb verrühren.
Aus dem Fleischtopf die Zitronenviertel und die Lorbeerblätter entfernen. Die Sauce über das Fleisch gießen, mit Zitronensaft nachwürzen, alles gut vermischen und erhitzen, aber nicht mehr kochen.
Auf einer sehr heißen Platte servieren und mit Fleurons umlegen.

Fleurons bereitet man aus Blätterteig oder Quarkblätterteig. Man rollt den Teig 1 cm dick aus und sticht mit einer Form Halbmonde oder Kreise aus. Man bestreicht sie mit Eigelb und backt sie im vorgeheizten heißen Ofen knusprig. Heiß servieren.

Lamm-Nacken und Lamm-Hals

Lammgulasch mit Spinat und Frühlingszwiebeln

Das brauchen Sie für 4 Portionen:

1 kg Lammhals oder Nacken	**Pfeffer aus der Mühle**
250 g Zwiebeln	**500 g Blattspinat**
50 g Pflanzenfett	**2 Bund Frühlingszwiebeln**
2 Knoblauchzehen	**1 Becher Crème fraîche**
Salz	

Und so wird's gemacht:

Den Lammhals in mundgerechte Würfel schneiden. Das Pflanzenfett in einer Pfanne heiß werden lassen und darin die Fleischwürfel portionsweise kräftig anbraten. Die Zwiebeln würfeln und zugeben, bis sie braun zu werden beginnen. Den Knoblauch pellen, dazupressen. Salzen und pfeffern. Alles zugedeckt 15 Min. schmoren lassen. Dann etwa 1/4 l Wasser zugeben und 1/2 Std. weiter schmoren lassen. Die Frühlingszwiebeln mit dem Grün in etwa 1 cm lange Stücke schneiden, zugeben und 10 Min. mitschmoren. Den Spinat grob hacken, zugeben und 5 Min. mitschmoren. Gesamtgarzeit 1 Std.
Man serviert das Gulasch mit Salzkartoffeln und reicht Crème fraîche extra dazu.

Tip: Das Fleisch von Hals und Nacken ist leicht durchwachsen und wunderbar zart. Es ist erheblich preiswerter als Keule. Natürlich kann man aber auch 1 kg Keule nehmen.

Husumer Hammelragout (Originalrezept)

Das brauchen Sie für 6 Portionen:

1 kg Hammelragout (Nacken oder Hals), gewürfelt	**1/8 l Weißwein**
30 g getrocknete Steinpilze	**2 Zweige Thymian**
3 Zwiebeln	**1 Lorbeerblatt**
1 Möhre	**2 Stengel Petersilie**
1 EL Öl	**1 Zweig Estragon**
1 EL Butter	**1 Zweig Rosmarin**
1/2 TL Zucker	**1 TL schwarze Pfefferkörner**
2 EL Mehl	**Salz**
1/4 l Wasser	**Pfeffer aus der Mühle**
	frisch gehackte Petersilie und Kerbel

Und so wird's gemacht:

Die Steinpilze nach Vorschrift einweichen. Öl und Butter in einer Pfanne erhitzen und das Fleisch darin kräftig anbraten. Zwiebelwürfel zugeben. Die Möhre in Scheiben schneiden, ebenfalls zugeben und alles unter Rühren kräftig anrösten. Sollte zuviel Fett ausbraten, dies abschöpfen. Dann den Zucker hineingeben und ihn leicht karamelisieren lassen. Das Mehl drüberstreuen, umrühren und hellgelb anrösten. Die Pilze mit dem Einweichwasser zugeben. Mit Wein und Wasser aufgießen. Die Kräuter mit Küchengarn zusammenbinden und den Bund hineinhängen. Alles vorsichtig umrühren und zugedeckt etwa 2 Std. gar schmoren, evtl. zwischendurch etwas Wasser nachgießen.
Den Kräuterbund herausfischen, mit Salz und Pfeffer abschmecken, Petersilie und Kerbel drüberstreuen und servieren.

Dazu passen Pellkartoffeln und Wirsing oder Bohnen.

Lobscouse (Englisches Hammelstew)

Das brauchen Sie für 6-8 Portionen:

1 kg Hammelragout (vom Hals oder Nacken)	250 g geschälte weiße Rüben, gewürfelt
2 Zweige Thymian	250 g Möhren, gewürfelt
2 Zweige Minze	1 Stange Porree, in 1 cm dicke Ringe geschnitten
50 g Butter	100 g Zwiebeln, in Ringe geschnitten
300 g geschälte Kartoffeln, sehr klein geschnitten	1 Knoblauchzehe, zerdrückt
300 g geschälte Kartoffeln, in Scheiben geschnitten	1 l Fleischbrühe
	1 TL Salz
	Pfeffer aus der Mühle

Und so wird's gemacht:

Zuerst das Fleisch sorgfältig salzen und pfeffern, mit den Thymian- und Minzeblättchen vermischen und zugedeckt einige Stunden kühlstellen (am besten über Nacht).

Das Fett erhitzen, das Fleisch darin kräftig braun anbraten, Kartoffeln, Möhren und weiße Rüben, Porree, Knoblauch und Zwiebeln dazugeben. Alles gut verrühren und mit der Fleischbrühe aufgießen. Es muß so viel Brühe sein, daß alles gut bedeckt ist. Jetzt die in Scheiben geschnittenen Kartoffeln obenauf legen. (Die Kartoffelwürfel sollen den Eintopf sämig machen, die Scheiben sollen nur im Dampf garen.) Den Topf gut verschließen und im Backofen bei 150° ca. 2 Std. garen.

Dieser Eintopf ist sehr sättigend.

Dazu paßt ein kaltes Bier.

Büchelsteiner Fleischtopf (klassisches Rezept)

Das brauchen Sie für 8 Portionen:

400 g Schweinenacken, gewürfelt
400 g Lammnacken gewürfelt (oder
Schulter)
400 g Kalbfleisch, gewürfelt
400 g Rindfleisch, gewürfelt
1 TL Salz
Pfeffer aus der Mühle
500 g Weißkraut, in 2 cm große Stücke
geschnitten
1 l Fleischbrühe

200 g durchwachsener Speck, in
dünne Streifen geschnitten
500 g Möhren, gewürfelt
500 g Sellerie, gewürfelt
500 g Zwiebeln, in Ringe geschnitten
750 g geschälte Kartoffeln, in Scheiben
geschnitten
1 EL Petersilie feingehackt
1 Prise Muskatnuß
1 Lorbeerblatt

Und so wird's gemacht:

Sämtliche Fleischwürfel salzen und pfeffern und ca. 1/2 Std. ruhen lassen. Nun das Fleisch und alle übrigen Zutaten (bis auf die Kartoffeln) bunt durcheinander in einen Topf schichten. Muskatnuß und Petersilie in die Fleischbrühe geben und drübergießen. Dann den Topf schließen und 1 Std. auf dem Herd oder im Backrohr ganz wenig kochen. Nach 1 Std. die in Scheiben geschnittenen Kartoffeln und das Lorbeerblatt obenauf legen, nachsalzen, den Topf wieder schließen und in 1/2 Std. gar werden lassen.
Der Büchelsteiner Fleischtopf läßt sich sehr gut wieder aufwärmen.

Dazu paßt ein kaltes Bier.

Tip: Etwas preiswerter wird es, wenn man eine Fleischsorte wegläßt. Der Eintopf schmeckt dann immer noch sehr würzig und gut.

Hammelfleisch mit grünen Bohnen

Das brauchen Sie für 4 Portionen:

1 kg Hammelfleisch (vom Nacken oder Hals), gewürfelt
100 g Zwiebeln, feingehackt
50 g Butterschmalz
750 g geschälte, gewürfelte Kartoffeln
1 l Wasser

750 g Stangenbohnen
1 EL Petersilie feingehackt
2 Zweige Bohnenkraut, feingehackt
1 Knoblauchzehe wahlweise
1 TL Salz
1/2 TL weißer Pfeffer

Und so wird's gemacht:

Das Butterschmalz in einer Pfanne erhitzen, die Zwiebeln hineingeben und goldbraun rösten. Das Fleisch zugeben und ebenfalls kräftig anbraten. Dann mit 1/4 l Wasser aufgießen, etwas salzen und 1/2 Std. sanft kochen lassen. Dann die Kartoffeln und die Bohnen zugeben, das restliche Wasser zugeben und das Bohnenkraut. Alles zusammen 1/2 Std. weiter kochen. Wenn das Fleisch noch nicht butterweich ist, ein paar Minuten länger kochen. Wer's mag, gibt eine zerdrückte Knoblauchzehe dazu, sonst abschmecken mit Salz und Pfeffer und servieren.
Dieser Hammeleintopf läßt sich sehr gut aufwärmen.

168

Lammragout mit Aprikosen

Das brauchen Sie für 4 Portionen:

1 kg Lammragout (vom Nacken oder Hals)	1/2 TL Zimt
	1 TL Curry
250 g Zwiebeln	1/4 l Rindfleischbrühe
4 EL Olivenöl	500 g Aprikosen
Salz	100 g Crème fraîche
Pfeffer aus der Mühle	10 cl Weißwein
2 EL Mehl	2 Bund glatte Petersilie

Und so wird's gemacht:

Lammragout vom Nacken oder Hals ist leicht durchwachsen und besonders zart und schmackhaft. Das Fett erhöht den Geschmack und brät vollständig weg. Das Fleisch in ca. 2 cm große Würfel schneiden. Das Olivenöl
in einer Pfanne erhitzen, das Fleisch portionsweise darin kräftig anbraten,
herausnehmen. Die Zwiebeln grob würfeln, im gleichen Fett glasig andünsten. Jetzt das Fleisch salzen und pfeffern und wieder in die Pfanne
geben.
Das Mehl mit dem Zimt und dem Currypulver vermischen, über das Fleisch
stäuben. Alles kurz anbraten, mit der Fleischbrühe aufgießen und im geschlossenen Topf bei kleiner Hitze ca. 1 Std. schmoren.
Nach 40 Min. Schmorzeit die entkernten, geviertelten Aprikosen zugeben.
Zum Schluß, wenn alles gar ist, den Wein und die Crème fraîche unterrühren, abschmecken, die feingehackte Petersilie hineingeben, alles kurz
aufkochen und servieren.

Dazu paßt Reis oder Fladenweißbrot.

Tip: Statt der frischen Aprikosen kann man auch den Inhalt einer Dose
verwenden; man gibt ihn 5 Min. vor Ende der Garzeit abgetropft zum
Fleisch.

Irish Stew

Das brauchen Sie für 6-8 Portionen:

1 kg Lammnacken, gewürfelt	**Salz**
250 g Zwiebeln, gewürfelt	**Pfeffer aus der Mühle**
1 Weißkohl, ca. 1 kg, in Streifen	**1 l Fleischbrühe**
geschnitten	**2 TL Kümmel, gemahlen**
6 EL Öl	**2 dicke Kartoffeln**

Und so wird's gemacht:

6 EL Öl in einer großen Pfanne erhitzen, das Fleisch darin kräftig anbraten.
Die Zwiebeln zugeben, glasig dünsten. Den Kohl zugeben, kurz anbraten
und mit der Brühe aufgießen. Mit Salz, Pfeffer und Kümmel würzen und
1 Std. zugedeckt kochen lassen. Die Kartoffeln schälen und 10 Min. vor
Ende der Garzeit auf der groben Seite der Haushaltreibe direkt in den Topf
reiben, gut verrühren und darauf achten, daß nichts anbrennt. Die Kartoffeln machen den Eintopf schön sämig.
Sehr heiß servieren.

Lammragout in Zitronen-Kapern-Sauce

Das brauchen Sie für 4 Portionen

1 kg Lammfleisch, vom Hals oder Nacken, gewürfelt	**2 EL Kapern**
1 dicke Zwiebel, gewürfelt	**Salz**
4 EL Öl	**Pfeffer aus der Mühle**
1 EL Mehl	**Zucker**
250 g Champignons, möglichst klein	**1 Becher Schlagsahne (125 ccm)**
3/8 l Gemüsebrühe	**1 EL Crème fraîche**
Saft und Schale von 1/2 unbehandelten Zitrone	**1 EL braunes Saucenbindemittel**
	1 Bund Petersilie, feingehackt

Und so wird's gemacht:

Das Öl in einer Pfanne erhitzen und das Lammfleisch darin portionsweise sehr kräftig anbraten. Die Zwiebeln und die Champignons in das Öl geben und glasig andünsten, das Fleisch wieder zugeben, alles verrühren, mit Mehl bestäuben, die Brühe zugeben. Die Pfanne verschließen und 40 Min. bei mittlerer Hitze zugedeckt schmoren lassen.
Mit Salz, Pfeffer, Zucker, Zitronenschale würzen. Die Kapern zugeben, die Sahne und Crème fraîche hineingießen. Alles gut verrühren, aufkochen lassen und mit Saucenbindemittel binden.
Die gehackte Petersilie drüberstreuen und servieren.

171

Lamm-Pie

Das brauchen Sie für 10 – 12 Portionen:

2 kg mageres Lammfleisch, gewürfelt	**3/4 l Fleischbrühe**
1/8 l Öl	**4 – 5 EL Portwein**
1 kg Schalotten oder kleine Zwiebeln	**... und für den Teig:**
3 Knoblauchzehen	**500 g Mehl**
1 EL schwarzer Pfeffer aus der Mühle	**250 g eiskalte Butter**
1 TL grob zerstoßene Wacholderbeeren	**1 Prise Salz**
4 Lorbeerblätter	**4 EL Eiswasser**
etwas Salz	**1 Eigelb**
2 Bund Thymian	**1 EL Sahne**
50 g Mehl	

Und so wird's gemacht:

1/8 l Öl in einem flachen runden Bräter erhitzen, das Fleisch darin portionsweise kräftig anbraten, herausnehmen, beiseite stellen. Die ganzen Schalotten zugeben, ebenfalls anbraten, den Knoblauch durchpressen und untermischen. Das Fleisch wieder in den Bräter geben, Lorbeerblätter, Pfeffer und Wacholderbeeren dazu, mit Salz würzen, die Thymian-Blättchen von den Stielen zupfen, ebenfalls zugeben. Alles verrühren, mit 50 g Mehl bestäuben und anschwitzen. Jetzt die Fleischbrühe unterrühren und das Fleisch ca. 50 Min. zugedeckt garen.

Die eiskalte Butter zu Flöckchen zerkleinern und mit 500 g Mehl, 1 Prise Salz und 4 EL Eiswasser einen glatten Teig kneten. Mit Folie umwickeln und ca. 30 Min. ruhen lassen.

Die Frühlingszwiebeln mit Grün schräg in 2 cm lange Stücke schneiden und unter das Lammfleisch geben. Den Portwein zugießen.

Den Pie-Teig 1/2 cm dick ausrollen und über den ganzen Bräter legen, so daß er dicht abschließt. Den Rand fest andrücken und überstehenden Teig abschneiden. (Sie können daraus eine Verzierung formen und auf den Pie setzen.) 2 Löcher von je 1 cm Durchmesser in den Pie-Deckel stanzen, damit die Luft entweichen kann. Eigelb und Sahne verquirlen und den Pie damit bestreichen. Im vorgeheizten Ofen bei 200° auf der 2. Einschubleiste von unten etwa 25. Min. goldbraun backen.

Bündner Schafverdämpf
(Original Graubündner Rezept)

Das brauchen Sie für 4 Portionen:

800 g Schaffleisch (Nacken, gewürfelt)
3 Zwiebeln, in Ringe geschnitten
3 Lorbeerblätter
2 EL Butterschmalz
Salz

Pfeffer aus der Mühle
1/4 l Fleischbrühe
5 mittlere Kartoffeln, in Scheiben
geschnitten

Und so wird's gemacht:

Das Schaffleisch salzen und pfeffern. 2 EL Butterschmalz in einem Topf erhitzen und das Fleisch darin rundherum knusprig anbraten. Die Zwiebelringe dazu geben, ebenfalls anbraten. Die Lorbeerblätter dazugeben, mit der Fleischbrühe aufgießen, den Deckel schließen und zugedeckt 1 Std. schmoren lassen.
Die Kartoffelscheiben etwas salzen, zu dem Schaffleisch geben. Wenn nötig etwas Wasser zugießen, so daß alles bedeckt ist.
Weitere 30 Min. kochen und sofort heiß servieren.

Cassoulet aus Toulouse
(berühmter französischer Eintopf)

Das brauchen Sie für 8 Portionen:

250 g mageres Hammelfleisch	250 g Knoblauchwurst
250 g gepökeltes Schweinefleisch	1 EL Gänseschmalz
200 g frische Schweineschwarten	3 EL Semmelbrösel
2 frische Gänsekeulen	70 g Butterflöckchen
2 Zwiebeln mit 2 Nelken gespickt	1/2 TL Salz
300 g Möhren, gewürfelt	1/2 TL weißer Pfeffer, gemahlen
5 feingeschnittene Knoblauchzehen	1 kg braune Bohnen
1 Zweig Thymian	1 l guter Rotwein
3 Lorbeerblätter	

Und so wird's gemacht:

Zuerst die Bohnen mindestens 12 Std. in dem Rotwein einweichen und anschließend die Bohnen zusammen mit der Schweineschwarte, allen Fleischsorten (nicht zerkleinert), Zwiebeln, Möhren und allen Gewürzen kochen. Mit Wasser aufgießen, bis der Inhalt des Topfes gut bedeckt ist. Den Topf verschließen und bei mittlerer Hitze etwa 4 Std. im Backofen garen.
Jetzt müssen die Bohnen weich sein. Das Fleisch herausnehmen und in mundgerechte Würfel schneiden, die Schweineschwarte sehr fein würfeln. Beides wieder in den Topf geben. Die Knoblauchwurst würfeln und zusammen mit 1 EL Gänseschmalz ebenfalls in den Topf geben. Salz und Pfeffer dazu, alles gut verrühren und in eine feuerfeste Form geben. Die Semmelbrösel drüberstreuen, die Butterflöckchen draufsetzen und den Eintopf im Backofen bei großer Hitze (220°) 10 Min. überbacken.

Dazu passen am besten Weißbrot und Rotwein.

Tip: Man kann statt brauner Bohnen auch jede beliebige andere Sorte wählen.
Wer's herzhaft mag, nimmt geräucherte Gänsekeulen und geräucherte Knoblauchwurst.

Rumänische Mankarika (*Eintopfgericht*)

Das brauchen Sie für 4 Portionen

500 g Lammfleisch, gewürfelt	**1 EL Thymian, feingehackt**
2 EL Öl	**2 Lorbeerblätter**
500 g Zwiebeln, feingehackt	**1 TL Salz**
500 g Kartoffeln, gewürfelt	**1/2 TL weißer Pfeffer**
250 g Möhren, gewürfelt	**1/4 l saure Sahne**
1 Bund Petersilie, feingehackt	**1 Messerspitze Kümmel, gemahlen**

Und so wird's gemacht:

Das Öl in einer Pfanne erhitzen, das Fleisch darin knusprig anbraten, herausnehmen, die Zwiebeln hineingeben, ebenfalls braun anbraten. Herausnehmen.

Das Fett in eine Kasserolle geben und auf dem Boden verteilen. Nun lagenweise die Kartoffeln, die Möhren, das Fleisch, die Zwiebeln hineinschichten, bis alles aufgebraucht ist. Etwas Wasser zugießen, so daß der Inhalt knapp bedeckt ist. Petersilie und Thymian drüberstreuen, die Lorbeerblätter hineinstecken. Mit Salz, Pfeffer und Kümmel würzen. Den Topf schließen und im vorgeheizten Backofen bei 180° ca. 2 Std. garen lassen.

Mit saurer Sahne übergießen und sofort servieren.

Lamm indisch

Lamm-Curry am Spieß – indisches Original-rezept (Hosani Curry)

Das brauchen Sie für 6 Portionen:

1 kg Lammgulasch (Nacken, gewürfelt)	6 Zwiebeln
80 g Butter	1 Stück Ingwerwurzel, 5 cm lang
2 zerdrückte Knoblauchzehen	1 EL Tomatenmark
1 EL Kreuzkümmel, gemahlen	1 EL Koriander, gemahlen
1/2 TL zerkleinerte rote Pfefferschoten	1/2 TL Kurkuma
250 g Joghurt	Salz nach Geschmack

Und so wird's gemacht:

Das Lammfleisch in einen Topf geben, mit Wasser bedecken und langsam gar kochen. Abkühlen und abtropfen lassen. Zwei Drittel des Ingwers in 3 mm dicke Scheiben schneiden, 4 Zwiebeln so zerteilen, daß man sie gut aufspießen kann.
Wenn das Fleisch kühl genug ist, abwechselnd ein Stück Fleisch, ein Stück Ingwer und ein Stück Zwiebel auf einen Spieß stecken.
Die Butter in einem Topf erhitzen, die restlichen Zwiebeln und den übriggebliebenen Ingwer grob hacken, zusammen mit allen anderen Zutaten in den Topf geben. 5 Min. leise kochen. Eine Tasse Wasser dazugießen, durchrühren, die Spieße hineinlegen und so lange leise kochen, besser ziehen lassen, bis das Fleisch wieder richtig heiß ist.
Sofort servieren.

Dazu paßt weißes Brot.

Kutcha Korma (scharfes Lammcurry) – indisches Originalrezept

Das brauchen Sie für 8 Portionen:

1 kg Lammkeule, gewürfelt	2 große Zwiebeln, in Scheiben
150 g Butter	3 zerdrückte Knoblauchzehen
2 TL Ingwer, gemahlen	2 EL Koriander, gemahlen
2 EL Kreuzkümmel, gemahlen	2 EL Tomatenmark
1 TL zerkleinerte rote Pfefferschoten	1 TL schwarzer Pfeffer
12 Kardamomkapseln, geschält	10 Gewürznelken
1 l Joghurt	Salz nach Geschmack

Und so wird's gemacht:

Das Lammfleisch mit dem Joghurt und Salz nach Geschmack vermischen und 1 Std. ruhen lassen. Den zerdrückten Knoblauch, den schwarzen Pfeffer, Ingwer und die zerkleinerten Pfefferschoten vermengen, mit einer Tasse Wasser aufgießen.
Die Butter in einem tiefen Topf erhitzen, die Zwiebeln darin rösten. Jetzt das Fleisch und alle anderen Zutaten zugeben, eine Tasse Wasser dazu, alles verrühren und auf kleiner Flamme etwa 40 Min. garen. Dabei öfter rühren, das Gericht brennt leicht an.
Sofort servieren.

Dazu paßt Reis oder Weißbrot.

Lamm- und Dhal Korma – indisches Original-rezept

Das brauchen Sie für 8 Portionen:

1,5 kg Lammgulasch (Nacken, gewürfelt)	**2 Tassen gelbe Erbsen**
	2 große Zwiebeln, gehackt
150 g Butter	**2 grüne Pfefferschoten**
10 dünne Scheiben Ingwerwurzel	**3 EL Koriander, gemahlen**
1 zerdrückte Knoblauchzehe	**5 Gewürznelken**
1 Zimtstange	**2 EL Tomatenmark**
10 Kardamomkapseln, geschält	**Salz nach Geschmack**
1/2 l Joghurt	

Und so wird's gemacht:

Sämtliche Zutaten (außer Butter und Zwiebeln) in einen großen Topf geben, mit 2 Tassen Wasser auffüllen, gut vermischen und bei mittlerer Hitze 30 Min. kochen lassen. Eine Tasse Wasser zugießen und weitere 15 Min. kochen.
Die Butter in einer Pfanne erhitzen, die Zwiebeln darin goldbraun rösten und über dem Gericht verteilen. Sofort servieren.
Ein einfaches und schnelles Gericht, wie Sie merken.

Dazu paßt Reis oder weißes Brot.

Kofta – Curry-Lammfleischbällchen – indisches Originalrezept

Das brauchen Sie für 6 Portionen:

1 kg Lamm-Hackfleisch	**1 EL Thymian, gerebelt**
2 mittelgroße gehackte Zwiebeln	**1 EL Salz**
2 grüne Pfefferschoten, feingehackt	**2 EL Currypulver**
12 Knoblauchzehen, feingehackt	**2 verquirlte Eier**
2 EL Worcestershire-Sauce	**6 EL Öl**
2 EL Majoran, gerebelt	

Und so wird's gemacht:

Alle Zutaten, außer dem Ei, gut vermischen. Aus diesem Fleischteig kleine Bällchen formen, in dem verquirlten Ei wälzen, Öl in einer Pfanne erhitzen und die Bällchen bei mäßiger Hitze braten.
Mit Joghurt und Brot servieren.

Tip: Die Bällchen kann man gut als Vorspeise oder als Beilage zu Gemüse-Curry-Gerichten nehmen.

Variation:

Zutaten und Zubereitung wie oben, allerdings die Bällchen nicht braten. Man läßt sie gar ziehen in einer Sauce aus:

2 Zwiebeln, gehackt	**1 EL Currypulver**
500 g Tomaten in Scheiben	**2 EL Öl**
2 EL Joghurt	**1 TL Salz**
1 EL Kurkuma	**2 Tassen heißes Wasser**
1 EL Ingwer, gemahlen	

Und so wird's gemacht:

Das Öl in einer Pfanne erhitzen, die gehackten Zwiebeln darin anbraten, Ingwer, Kurkuma, Currypulver und Salz dazugeben und 5 Min. dünsten. Tomatenscheiben und Joghurt zugeben und 5–10 Min. schön durchbraten. Die Fleischbällchen hineinlegen, 5 Min. vorsichtig braten, Wasser zugießen, vorsichtig umrühren und noch 15 Min. garen. Mit Brot servieren.

Tip: Statt 2 EL Joghurt nimmt man 2 EL Zitronensaft, es schmeckt sofort ganz anders.

Lamm-Curry aus Pakistan – Originalrezept

Das brauchen Sie für 6-8 Portionen:

1 kg Lammfleisch, gewürfelt	**12 kleine weiße Rüben**
75 g Butter	**1 EL Zucker**
1/2 l Joghurt	**1 EL Ingwer, gemahlen**
6 Knoblauchzehen	**2 mittelgroße Zwiebeln, in Scheiben**
2 EL Koriander, gemahlen	**2 TL Salz**
5 Kardamomkapseln, geschält	**5 Gewürznelken**
1 Prise Safran	

Und so wird's gemacht:

Die Butter in einer großen Pfanne erhitzen, die Zwiebelscheiben darin anbraten. Koriander, Salz, Kardamom, Nelken, Knoblauch und Ingwer dazugeben und bei geringer Hitze 5 Min. mitbraten. Das Fleisch zugeben und weitere 5 Min. braten. Die Rüben schälen, grob würfeln und mit dem Zucker zum Fleisch geben und 30 Min. weiter braten. Zwei Tassen Wasser dazugeben und verrühren. Etwa 15 Min. weiter braten, bis das Fleisch zart ist. Den Safran in 1/4 l heißem Wasser auflösen, zum Fleisch gießen, gut verrühren und nochmals aufkochen.

Lamm-Curry mit Mandeln – indisches Originalrezept

Das brauchen Sie für 6–8 Portionen:

1 kg Lammgulasch	**1 EL Kurkuma**
1 EL Ingwer, gemahlen	**2 EL Currypulver**
1 1/2 TL Salz	**1 Tasse Joghurt**
1/2 Tasse Sahne	**1 Tasse abgezogene Mandeln**
3 mittelgroße Zwiebeln, in Scheiben	**5 EL Butter**

Und so wird's gemacht:

Die Butter in einer Pfanne erhitzen, die Zwiebelringe darin goldbraun braten. Ingwer, Kurkuma, Currypulver mit dem Fleisch gut vermischen und zu den Zwiebeln in die Pfanne geben und unter Rühren 15 Min. braten, bis es schön braun ist.

Joghurt und etwas Salz zugeben, verrühren und bei milder Hitze 45 Min. weiter kochen. Jetzt die Mandeln und die Sahne zugeben und weitere 10 Min. leise köcheln lassen.

Sofort servieren.

Lamm-Korma – indisches Originalrezept

Das brauchen Sie für 6-8 Portionen:

1 kg Lammgulasch	**8 Knoblauchzehen, in Scheiben**
2 mittelgroße Zwiebeln, gehackt	**2 EL Tomatenmark**
10 Scheiben Ingwerwurzel	**1 TL Kurkuma**
2 EL Koriander, gemahlen	**1/4 l Joghurt**
2 TL Kreuzkümmel, gemahlen	**Salz nach Geschmack**
75 g Butter	

Und so wird's gemacht:

Die Butter in einer Pfanne erhitzen und die Zwiebeln darin goldbraun rösten, dann Knoblauchzehen, Ingwer, Koriander, Kreuzkümmel, Kurkuma und Salz dazugeben, gut verrühren, 2 Min. dünsten, jetzt das Fleisch mit dem Joghurt und dem Tomatenmark in den Topf geben. Bei milder Hitze 60-80 Min. garen, bis das Fleisch zart ist. Dabei ab und zu umrühren und wenn nötig, etwas Wasser zugießen.

Dazu passen Reis und Brot.

Lammbrust am Spieß (Parcha Seekh Kebab) – indisches Originalrezept

Das brauchen Sie für 4 Portionen:

1,5 kg Lammbrust	**2 cm Ingwerwurzel, feingehackt**
2 EL geschmolzene Butter	**2 kleine grüne Pfefferschoten, fein-**
8 Knoblauchzehen, feingehackt	**gehackt**
1 TL schwarzer Pfeffer	**1 TL Nelkenpulver**
1 TL Kardamom, gemahlen	**1 EL Kreuzkümmel**
250 g feingehackte Zwiebeln	**Salz nach Geschmack**

Und so wird's gemacht:

Aus allen Zutaten (außer Lamm und Butter) eine dicke Paste herstellen, notfalls im Mixer pürieren. Die Lammbrust auf dem Tisch ausbreiten und die obere Seite dick mit der Paste bestreichen. Dann das Fleisch aufrollen, mit einem Faden umwickeln oder mit Spießchen zusammenstecken und anschließend gut auf einem Grillspieß befestigen. Etwa 1 Std. grillen, dabei öfter mit der zerlassenen Butter bestreichen.

Tip: Auf der mittleren Einschubleiste im Backofen bei 180° ca. 1 1/4 Std. braten. Öfter wenden und mit der zerlassenen Butter und dem austreten-den Bratensaft begießen.

Lamm-Hackfleisch

Gefüllte Auberginen

Das brauchen Sie für 4 Portionen

250 g Lammhack
4 Auberginen
etwas Salz
4 EL Öl
3 Zwiebeln
1 Knoblauchzehe

Pfeffer aus der Mühle
1 Dose Tomatenmark
2 EL geriebener Käse
2 Fleischtomaten
1/8 l Wasser

Und so wird's gemacht:

Die Auberginen längs halbieren und das Fleisch mit einem Messer leicht
einritzen, einsalzen und 15 Min. mit der Schnittfläche nach unten liegen
lassen, damit der bittere Saft auslaufen kann.
Jetzt das Fleisch aus den Auberginen nehmen und klein hacken. Öl in
einer Pfanne erhitzen und darin nacheinander Zwiebeln, Hackfleisch und
Auberginenfleisch anbraten. Alles mit der zerriebenen Knoblauchzehe,
Salz und Pfeffer würzen und mit dem Tomatenmark und 1 EL Käse vermischen.
Die Füllung in die Auberginenhälften geben, eine feuerfeste Form ausfetten, die Auberginen hineingeben, 2 Fleischtomaten häuten und würfeln und mit 1/8 l Wasser um die Auberginenhälften herum zugießen. Die
Auberginenhälften mit dem restlichen Käse bestreuen und die Form in
den vorgeheizten Backofen schieben und bei 200° ca. 35 Min. garen.

Dazu passen Reis, Nudeln, Kartoffeln und Weißbrot.

Lamm-Chili mit Linsen

Das brauchen Sie für 4 Portionen:

500 g Lammhack	**1/8 l Rotwein**
500 g Zwiebeln	**Salz**
4 EL Öl	**Pfeffer aus der Mühle**
250 g getrocknete Linsen	**2 EL Chili-Sauce**
1 Dose Tomatenmark	**1 Prise Chilipulver**

Und so wird's gemacht:

Die Zwiebeln pellen und fein würfeln. 2 EL Öl in einer Pfanne erhitzen und 150 g Zwiebeln darin glasig dünsten. 1/2 l Wasser zugeben, die Linsen hineingeben und alles bei milder Hitze 45 Min. garen.

Das restliche Öl in einer Pfanne erhitzen, die übriggebliebenen Zwiebel-würfel hineingeben und andünsten, das Hack zugeben und kräftig an-braten. Dann die Linsen, das Tomatenmark und den Rotwein zugeben, verrühren und zugedeckt weitere 25 Min. garen. Dabei gelegentlich um-rühren, evtl. etwas Wasser zugeben. Zum Schluß das Chili kräftig mit Salz, Pfeffer, Chili-Sauce und Chilipulver abschmecken.

Dazu passen Baguette und ein leichter Rotwein.

Weißkohlauflauf mit Lammhack

Das brauchen Sie für 8 Portionen:

1 kg Lammhack
1 Kopf Weißkohl (ca. 1 kg)
1 dicke Zwiebel
10 g getrocknete Steinpilze
20 g Butterschmalz
Salz

Pfeffer aus der Mühle
200 g Sahneschmelzkäse
3 Eigelb
Butter zum Ausfetten der Auflaufform
geriebener Emmentaler

Und so wird's gemacht:

Die Steinpilze abspülen und in 1/2 l warmem Wasser quellen lassen.
Den Strunk aus dem Kohlkopf entfernen, den ganzen Kohl 5 Min. blanchieren. Die äußeren Blätter zum Auslegen der Form und zum Abdecken abtrennen, den Rest in schmale Streifen schneiden.
Die Zwiebel würfeln und mit dem Hack in heißem Butterschmalz kräftig anbraten. Mit Salz und Pfeffer würzen, dann das Wasser mit den Steinpilzen zugießen. Die Kohlstreifen zugeben und alles 5 Min. kochen lassen.
Eine Auflaufform fetten, mit Kohlblättern auslegen. Die Fleisch-Kohl-Masse mit dem Schmelzkäse und den Eidottern verrühren und hineinfüllen. An den Rändern mit geriebenem Käse bestreuen.
Im vorgeheizten Backofen auf der mittleren Einschubleiste bei 200° ca. 40 Min. backen.

Tip: 1 EL Kümmel unter den Kohl rühren. Schmeckt hervorragend und macht ihn bekömmlicher.

Fenchel-Auflauf mit Lammhack

Das brauchen Sie für 8 Portionen:

1 kg Lammhack	**1 dicke Zwiebel**
1 kg Kartoffeln	**1/8 l Fleischbrühe**
1 kg Fenchel	**50 g Tomatenmark**
Salz	**1/2 TL Paprikapulver scharf**
Pfeffer aus der Mühle	**200 g Crème fraîche**
2 EL Zitronensaft	**3 Eier**
2 EL Öl	**Fett für die Form**

Und so wird's gemacht:

Die Kartoffeln schälen und in dünne Scheiben schneiden. Eine große Auflaufform mit Öl ausstreichen, die Kartoffelscheiben darin verteilen, salzen und pfeffern und 20 Min. im Backofen bei 200° vorbacken.

Das Öl in einem flachen Topf erhitzen und das Hackfleisch darin kräftig anbraten. Die Zwiebel würfeln und zugeben. Die Brühe zugießen. Mit Tomatenmark, Salz, Pfeffer und Paprika würzen, umrühren und alles 10 Min. garen.

Den Fenchel putzen, in Ringe schneiden und in kochendem Salzwasser mit dem Zitronensaft 5 Min. garen. Gut abtropfen lassen, 1/2 l Kochwasser aufheben. Nun das Fleisch auf die Kartoffelscheiben geben, die Fenchelringe darauf verteilen. Das zurückbehaltene Fenchelkochwasser mit der Crème fraîche und den Eiern verquirlen, mit Salz und Pfeffer würzen und über den Auflauf gießen.

Den Auflauf in den vorgeheizten Ofen schieben und auf der mittleren Einschubleiste 40 Min. bei 200° backen.

Südafrikanischer Lammfleischauflauf

Das brauchen Sie für 8 Portionen:

1,5 kg Lammhack	**Pfeffer aus der Mühle**
120 g Rosinen	**1 EL Zucker**
120 g abgezogene ganze Mandeln	**2 EL Curry**
1/2 l Milch	**Saft einer Zitrone**
3 altbackene Brötchen	**ca. 250 g Mangochutney**
125 g Zwiebeln	**Fett für die Form**
2 EL Öl	**5 Eier**
1 TL Salz	

Und so wird's gemacht:

Die Brötchen fein würfeln und mit 1/8 l warmer Milch übergießen. Die Zwiebeln würfeln und in heißem Öl glasig andünsten. Brötchen und Zwiebeln zum Hackfleisch geben. Mit Salz, Pfeffer aus der Mühle, Curry und Zucker würzen und grob durchkneten. Den Zitronensaft, das Mangochutney und die Rosinen untermengen.
Eine flache Auflaufform mit Fett ausstreichen, den Fleischteig einfüllen und glattstreichen. Die Mandeln hineinstecken. Die Eier mit der restlichen Milch verquirlen, etwas salzen und über den Teig gießen.
Eine Folie über die Form legen und in den vorgeheizten Ofen schieben und ca. 40 Min. bei 200° backen. Dann die Folie abnehmen und weitere 20 Min. backen, bis der Auflauf schön braun ist.

Dazu passen Reis und Fladenbrot.

Tip: Es macht nichts, wenn es etwas weniger oder mehr Chutney ist, so bleiben keine Reste übrig.

Moussaka

Das brauchen Sie für 8 Portionen:

1 kg Lammhack	**Salz**
1 kg Kartoffeln	**Pfeffer aus der Mühle**
400 g Zwiebeln	**1 Zweig Rosmarin (1 TL getrocknet)**
750 g Fleischtomaten	**3 Zweige Thymian (2 TL getrocknet)**
400 g Auberginen	**6 Eier**
1 EL Öl	**1/2 l Milch**

Und so wird's gemacht:

Die Kartoffeln schälen und in dünne Scheiben schneiden. Eine große flache Auflaufform mit Öl ausstreichen, die Kartoffelscheiben darin verteilen. Mit Salz, Pfeffer und Rosmarin würzen. 20 Min. im Backofen vorbacken. Die Zwiebeln pellen und würfeln. Das Hack in einem Topf ohne Fett krümelig braten, die Zwiebeln zugeben und andünsten. Mit Salz, Pfeffer und Thymian würzen. Auf die Kartoffeln geben.
Die Tomaten schälen, in Scheiben schneiden, die Auberginen in Scheiben schneiden, beides auf das Hack geben.
Die Eier mit der Milch verquirlen, mit Salz und Pfeffer würzen und über alle Zutaten gießen. Den Auflauf in den vorgeheizten Ofen schieben und auf der mittleren Einschubleiste bei 200° ca. 40 Min. backen.

Schwarzes Schaf – Lammhackbraten

Das brauchen Sie für 6 Portionen:

600 g Lammhack	1 TL abgeriebene Zitronenschale
100 g Schinkenspeck, sehr fein gewürfelt	je 1 Messerspitze Majoran, Muskatblüte, Kümmel (gemahlen), Thymian
2 in Milch eingeweichte Brötchen	1 TL Senf
1 Zwiebel	1 EL Öl
2 Stengel Petersilie	20 g Butter
1 Möhre	1 Bund Suppengrün
1 Ei	2 Tomaten
etwas Salz	1/4 l Fleischbrühe
Pfeffer aus der Mühle	125 g Crème fraîche

Und so wird's gemacht:

Das Hackfleisch und den Schinkenspeck vermengen, die Brötchen ausdrücken und zugeben. Zwiebel, Möhre und Petersilie fein hacken. Alle Zutaten gründlich vermischen und mit Salz, Pfeffer, Muskat, Majoran, Kümmel, Thymian und Senf würzen. Das Ei zugeben und den Fleischteig sehr gut verkneten und mit nassen Händen zu einem glatten Laib formen. Öl und Butter in einem Schmortopf erhitzen, der nicht viel größer als der Braten ist, und den Hackbraten in dem heißen Fett von allen Seiten anbraten. Das Suppengrün in Streifen schneiden und zu dem Fleisch legen. Etwas anrösten lassen, die Tomaten zufügen und mit 4 EL Fleischbrühe aufgießen.

Den Schmortopf schließen, in den vorgeheizten Backofen schieben und bei mittlerer Hitze in 30-35 Min. bei 200° gar braten. Das Fleisch mit einer Backschaufel herausheben und warm stellen.

Den Bratenfond mit der restlichen Brühe aufkochen und durch ein Sieb streichen. Die Sauce aufkochen, die Crème fraîche einrühren und so lange kochen, bis die Sauce leicht sämig ist.

Den Braten in Scheiben schneiden, die Sauce getrennt servieren.

Tip: Wenn kein Lammhack zu bekommen ist, nimmt man Nacken oder Schulter und dreht es zusammen mit dem Schinkenspeck durch den Fleischwolf.

Lammfleisch-Klößchen mit Salbei und Parmesan

Das brauchen Sie für 4 Portionen:

500 g Lammhack	**8 Salbeiblättchen, feingehackt**
Salz	**2 EL geriebener Parmesankäse**
PFeffer aus der Mühle	**Mehl zum Arbeiten**
60 g weiche Butter	**4 EL Marsala**

Und so wird's gemacht:

Die Salbeiblättchen mit der Hälfte Butter, Salz, Pfeffer und dem Parmesan-käse vermischen, das Hackfleisch zugeben und gut verkneten. Mit be-mehlten Händen kleine Klößchen formen. Die restliche Butter erhitzen, die Klößchen darin rundherum knusprig braun braten (etwa 6 – 8 Min.). Marsala drüber träufeln und verdampfen lassen.
Sofort heiß servieren.

Lammfleisch-Klößchen mit Eiern und Schafskäse

Das brauchen Sie für 4 Portionen:

500 g Lammhack	**1 altes Brötchen, in 2 cl Wein einge-**
Salz	**weicht**
Pfeffer aus der Mühle	**2 Zweige Majoran**
1 Bund Petersilie, feingehackt	**1 EL Zitronensaft**
2 zerdrückte Knoblauchzehen	**2 EL Schafskäse, zerkrümelt**
100 g durchwachsener Speck, sehr	**2 Eier**
fein gewürfelt	**30 g Butter**

Und so wird's gemacht:

Die Gewürze miteinander vermischen, Hackfleisch, Speck und das zerdrückte Brötchen zugeben, grob miteinander vermischen. Die Eier und
den Schafskäse zugeben und alles gut verkneten. Mit feuchten Händen
kleine Klößchen formen. Die Butter in einer Pfanne erhitzen und die
Klößchen darin rundherum knusprig braun braten. Heiß servieren.

Tip: Dazu paßt eine Tomatensauce.

Ratatouille – Französischer Gemüseauflauf mit Lammfleisch

Das brauchen Sie für 8 Portionen:

750 g Lammhack
300 g Zwiebeln, gewürfelt
5 EL Öl
3 Knoblauchzehen, gepreßt
3 EL Tomatenmark
1/2 EL Paprika edelsüß
1/4 l Rotwein
1 rote Paprikaschote
1 grüne Paprikaschote
2 Fleischtomaten
1 Aubergine
1 grüne Zucchini

1 gelbe Zucchini
1 kleine Salatgurke
etwas scharfen Paprika
Salz
1 Bund Petersilie, gehackt
1 Zweig Rosmarin, gehackt
200 g Reis
4 Eier
200 g süße Sahne
125 g würziger Käse
1 EL Zucker

Und so wird's gemacht:

3 EL Öl in einer Pfanne erhitzen, die Zwiebeln darin glasig dünsten, das Hackfleisch zugeben und krümelig braten. Tomatenmark zugeben, mit Wein aufgießen, mit süßem und scharfem Paprika, Salz und Zucker würzen, gut verrühren, einmal aufkochen und in einer großen Auflaufform auf dem Boden verteilen.

Den Reis 5 Min. in Salzwasser vorkochen, gut abtropfen lassen. 2 EL Öl erhitzen, den Reis darin anbraten. Wenden, bis er gleichmäßig mit Öl überzogen ist. Die Paprikaschoten der Länge nach in Achtel schneiden. Je zwei Achtel fein würfeln und mit der Petersilie und den Rosmarinnadeln unter den Reis mischen. Den Reis auf dem Hackfleisch verteilen.

Die Tomaten schälen, in dicke Scheiben schneiden. Auberginen, Zucchinis und die Gurke in etwa 1/2 cm dicke Scheiben schneiden. Die Paprikaspalten einmal quer halbieren. Nun alle Gemüsescheiben so dicht wie möglich fast senkrecht in den Reis stecken. Das kann man in Reihen oder gemischt tun.

Die Eier mit der Sahne verrühren, leicht salzen und die Hälfte davon über den Auflauf gießen. Im vorgeheizten Backofen bei 200° auf der untersten Einschubleiste 30 Min. backen. Den Käse raffeln, mit der restlichen Eier-Sahne vermischen und über den Auflauf gießen. Den Auflauf auf die mittlere Einschubleiste stellen und weitere 40 Min. backen.

Sofort heiß servieren.

Lamm-Buletten in Steinpilz-Sauce mit Schmorgurken

Das brauchen Sie für 8 Portionen:

1,5 kg Lammhack	2 Schmorgurken (entkernt), gewürfelt
3 altbackene Brötchen	50 g Butterschmalz
4 Eier	100 g Schalotten, gehackt
1 dicke Zwiebel, gehackt	1/4 l Rotwein
Pfeffer aus der Mühle	1 Bund Dill, gehackt
etwas Salz	3 Becher Crème fraîche (600 g)
1 Prise Muskatnuß	75 g getrocknete Steinpilze
1 Prise Kümmel, gemahlen	

Und so wird's gemacht:

Die Steinpilze in 1/4 l lauwarmem Wasser einweichen. Die Brötchen würfeln, in 1/4 l Wasser einweichen. Lammhack, Brötchen mit Einweichwasser, Zwiebel und Eier vermengen, mit Salz, Pfeffer, Muskat und Kümmel würzen und gut verkneten. Mit nassen Händen etwa 30 Buletten formen. 40 g Butterschmalz in einer Pfanne erhitzen, die Buletten nacheinander bei mittlerer Hitze 8–10 Min. darin braten, beiseite stellen. In diesem Bratenfett die Schalotten dünsten. Die Pilze mit dem Einweichwasser und dem Rotwein zugeben und 10–12 Min. schmoren. Die Crème fraîche zugeben und weitere 10 Min. bei milder Hitze etwas einkochen lassen.

Das restliche Butterschmalz erhitzen, die Gurkenwürfel darin glasig dünsten. Die Hälfte der Gurken in einen Schmortopf geben, mit 1 TL Dill bestreuen, die Hälfte Buletten darauflegen, die Hälfte Steinpilz-Sauce drübergießen, das ganze nochmal wiederholen. Den Topf schließen und im vorgeheizten Ofen bei 225° ca. 15 Min. backen.

Sofort servieren.

Dazu passen Baguette oder auch Kartoffeln.

Griechische Auberginenpfanne

Das brauchen Sie für 6 Portionen:

750 g Lammhack
1,5 kg Auberginen
1/2 Tasse Olivenöl
2 Zwiebeln
40 g Butterschmalz
1 Glas süßer Wermutwein
500 g Tomaten
Salz
Pfeffer aus der Mühle
1–2 TL Zucker
etwas geriebene Muskatnuß
1 TL Oregano
3 EL Petersilie, gehackt
1/2 Tasse Wasser

6 EL Semmelmehl
2 Eier
100 g Emmentaler, gerieben
... und für die Sauce:
1 kleine Zwiebel
50 g Schinkenspeck, gewürfelt
20 g Butter
20 g Mehl
1/8 l Fleischbrühe
1/8 l Milch
Pfeffer aus der Mühle
Salz
etwas geriebene Muskatnuß
Zitronensaft nach Geschmack

Und so wird's gemacht:

Auberginen waschen, in 1 cm dicke Scheiben schneiden, salzen und 2 Std. ziehen lassen, dann abtrocknen und in heißem Öl goldbraun braten, herausnehmen und gut abtropfen lassen. Hackfleisch und fein gehackte Zwiebeln in Butterschmalz anschmoren. Wein angießen. Tomaten überbrühen, abziehen und fein schneiden, mit Salz, Pfeffer, Zucker, Muskat, Oregano und Petersilie zum Hackfleisch geben. Wasser angießen und alles 40–50 Min. bei schwacher Hitze schmoren, dann Semmelmehl, verquirlte Eier und 20 g Käse dazugeben, abkühlen lassen. Den Boden einer feuerfesten Form mit Auberginenscheiben bedecken. Etwas Käse drüberstreuen, die Hackfleischmischung darauf verteilen, restliche Auberginen drüberlegen und mit dem restlichen Käse bestreuen.
Für die Sauce die feingewürfelte Zwiebel und den Speck in Butter andünsten. Mehl darin anschwitzen, mit Brühe und Milch 5–10 Min. durchkochen und mit den Gewürzen abschmecken. Die Sauce über die Auberginen gießen und im vorgeheizten Backofen bei 180° ca. 1 1/2 Std. backen.

Gesamtverzeichnis der Rezepte

Fotonachweis:
Uschi von Grudzinski   6
Wolfram Jürgen Mehl   50